Sigrun Eder
Elisabeth Marte
Hedda Christians

Hilfe für Kinder, die nachts einnässen

Bibliografische Information der Deutschen Nationalbibliothek
Die Deutsche Nationalbibliothek verzeichnet diese Publikation in der Deutschen Nationalbibliografie; detaillierte bibliografische Daten sind im Internet über http://dnb.d-nb.de abrufbar.

Geschlechtsspezifische Schreibweise

Das vorliegende Buch verwendet wiederholt geschlechtsneutrale Schreibweisen. Wenn z.B. vom „Arzt" oder „Therapeut" die Rede ist, wird hierunter auch die „Ärztin" oder „Therapeutin" verstanden.

Besonderer Hinweis

Das vorliegende Buch wurde sorgfältig erarbeitet. Dennoch erfolgen alle Angaben ohne Gewähr. Weder Autoren noch Verlag können für eventuelle Nachteile oder Schäden, die aus den im Buch vorliegenden Informationen resultieren, eine Haftung übernehmen. Befragen Sie im Zweifelsfall bitte Arzt oder Therapeuten.

Markenschutz: Dieses Buch enthält eingetragene Warenzeichen, Handelsnamen und Gebrauchsmarken. Wenn diese nicht als solche gekennzeichnet sein sollten, so gelten trotzdem die entsprechenden Bestimmungen.

2. Auflage Dezember 2013

Verlagsanschrift Anton-Hochmuth-Straße 8, 5020 Salzburg, Österreich
Internet www.editionriedenburg.at
E-Mail verlag@editionriedenburg.at

Lektorat Dr. phil. Heike Wolter, Regensburg
Fachlektorat Sarah Schmid
Satz und Layout edition riedenburg
Herstellung Books on Demand GmbH, Norderstedt

ISBN 978-3-902943-21-7

Inhalt

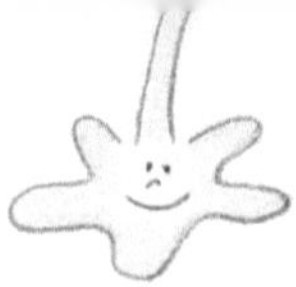

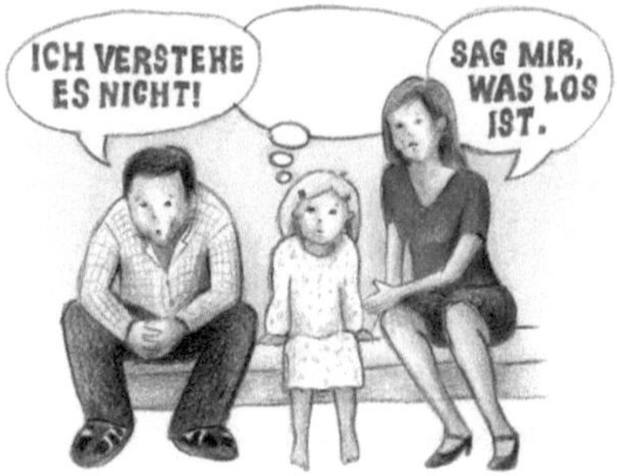

ICH VERSTEHE ES NICHT!
SAG MIR, WAS LOS IST.

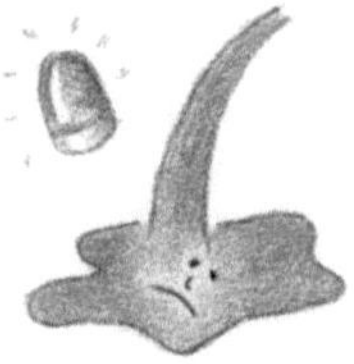

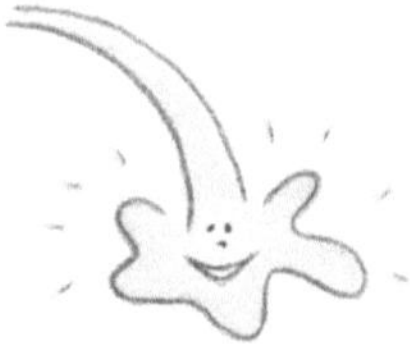

Begriffe, die mit einem * versehen sind, werden im Glossar erklärt.

Hallo du!

Ich bin Nino. Oft habe ich ein nasses Bett, und das ist eine wirklich dumme Sache. Ich muss nachts aufstehen, das Bett neu beziehen, das angelullte Bettzeug wegräumen, mich selbst waschen und den Pyjama wechseln.

Wenn Mama oder Papa das Waschen und Wegräumen übernehmen müssen, sind sie mitten in der Nacht hellwach und zu Recht darüber grantig: Weil sie von mir geweckt wurden und eine Menge Arbeit anfällt. Nicht selten folgen am Morgen doofe Kommentare, und wieder ist eine Ausrede fällig, weshalb es nicht geklappt hat. Ich wüsste das ja selbst so gerne und würde es am liebsten sofort ändern!

Auswärts-Schlafen, was an und für sich wirklich lustig sein kann, ist für mich leider ein Ding der Unmöglichkeit. Wie peinlich wäre das denn, bei meinem Freund eine Überschwemmung zu verursachen. Schadel

Hast auch du genug vom nassen Bett und den damit verbundenen Scherereien? Dann lies dieses Buch. Hier erfährst du alles über das kleine Geschäft und wieso dein Bett manchmal nachts nass wird. Du lernst auch, wie mit einer ordentlichen Portion Geduld und sorgfältiger Detektivarbeit das nasse Bett Geschichte werden kann. Die Mit-Mach-Seiten helfen dir, dein Problem selbst anzugehen.

Für Eltern und andere Erwachsene gibt es den Erwachsenen-Teil.

Ein trockenes Bett wünscht dir

Nino

Raum für Notizen:

Blumen gießen

Hell und freundlich leuchten die Blüten der Blumen. Nino schlendert einen schmalen, erdigen Wiesenweg entlang und lässt die zarten Blumenköpfe durch seine Finger gleiten.

Die Wiese ist voller Leben, es summt, wuselt und raschelt. Die Sonne kitzelt angenehm auf seiner Haut, und Nino fühlt sich durchwärmt und glücklich.

Plötzlich merkt er, dass vor ihm die Blüten verdorren und ihre Köpfe hängen lassen. Es ist bedrohlich leise und die Wiese ist braun und trocken.

Da hört Nino schon eine helle Stimme. Er dreht sich um, sieht aber niemanden. Doch dann zupft etwas lästig an seinem Hosenbein, und Nino entdeckt ein kleines, grün gekleidetes Männchen. Es versucht unter Ächzen und Schnaufen eine riesige Gießkanne hochzuheben. Leider vergeblich.

Dann hält das Männchen inne und sagt: „Nino, hilf mir bitte beim Gießen! Ohne Wasser kann die Blumenwiese nicht gerettet werden.“

Nino hebt die schwere bis an den Rand gefüllte Gießkanne hoch, und in einem mächtigen Schwall entleert sich das Wasser über die durstige Wiese. Erleichterung und Stolz erfüllen Nino. Er hat es geschafft, die Wiese ist gerettet! Das seltsame Männlein nickt ihm anerkennend zu.

Auf einmal drängt sich ein unangenehm vertrauter Geruch in seinen Traum. Nino will aber nicht loslassen von seinem momentanen Glücksgefühl. Er will nicht bemerken, was er bereits weiß: Nicht die Wiese, sondern sein Bett und sein Schlafanzug sind nass. Und zwar durch und durch.

Dabei war Nino so überzeugt davon gewesen, Gutes zu tun!

Nino ist zornig. Wie ungerecht es doch ist, dass ausgerechnet ihm dieses peinliche Missgeschick immer wieder passieren muss! Er hat überhaupt keine Lust, jetzt aufzustehen und das Bett neu zu beziehen. Wo er doch so müde ist. Und wenn er auf der Suche nach frischem Bettzeug in den Schränken herumkramt, werden wieder alle munter – auch wenn sie sich schlafend stellen.

„Was ist, wenn ich einfach ruhig liegen bleibe? Vielleicht könnte ich sogar weiterschlafen?", fragt sich Nino.

Doch der Plan gelingt nicht. Seine Gedanken kreisen wild umher und streiten sich: Soll er die mühsame Prozedur des Saubermachens gleich hinter sich bringen, oder wäre es bequemer, das Ganze bis morgen hinauszuschieben?

Seufzend quält Nino sich schließlich auf. Dem warmen Bett entstiegen, klebt seine Pyjamahose umso unangenehmer am Körper und wird ohne Bettdecke schnell kalt. Mühsam streift er das eklige Ding ab und holt aus seiner Schranklade eine trockene Hose hervor.

Dann angelt er sich frisch duftendes Bettzeug aus dem Kleiderkasten.

Schnaufend wechselt Nino Bettüberzug und Leintuch. Auch die Bettdecke ist heute wieder mal klitschnass und muss im Keller in die Waschmaschine gestopft werden.

Morgen Mittag, wenn er aus der Schule kommt, werden die Sachen auf der Wäscheleine zum Trocknen hängen, und Mama wird ihren traurigen Blick aufsetzen.

Während Nino in das frische Bett schlüpft, ist er in Gedanken noch immer bei seiner Mama. Früher hat sie oft versucht, ihm einzureden, dass das nasse Bett für sein Alter noch normal sei und dass so etwas bei vielen Jungen vorkäme.

Aber seit kurzem ist Nino zwölf, und Mama verschwendet kein einziges Wort mehr über die angelullte Wäsche. Sie tut einfach so, als wäre in der Nacht gar nichts passiert, auch wenn sie am nächsten Tag traurig aussieht.

Ninos jüngere Schwester verhält sich da ganz anders. Sie rennt oft naserümpfend durch sein Zimmer und quäkt, dass alles nach Pipi rieche und sie ihren Freundinnen diesen Saustall nicht zumuten könne.

Als sie einmal das Meckern nicht lassen konnte, hat Nino ganz absichtlich sein Bett von oben bis unten angemacht und so nebenbei einige Tropfen auf dem Kopfpolster seiner Schwester verloren.

Seither pieselt Nino sein Bett immer wieder absichtlich voll, wenn ihm der ganze Ärger langt. Eigenartigerweise fühlt er sich dabei richtig gut.

Schlecht ging es ihm auch, als er versuchte, so zu tun, als sei er trocken. Innerhalb kürzester Zeit flog der Schwindel aber auf und das Problem war größer als zuvor.

Sogar Papa war damals traurig. Er sagte immer wieder: „Ich verstehe es nicht! Warum machst du ins Bett? Erzähl es mir, du kannst ehrlich zu mir sein."

Doch Nino konnte auf Papas Frage keine Antwort geben. Er nahm sich zwar vor, nicht mehr ins Bett zu machen, doch bald darauf musste er wieder alle enttäuschen.

Wie so oft wälzt Nino diese trübsinnigen Gedanken auch jetzt, bis ihn der Schlaf endlich wieder davon befreit.

Nino findet sich auf der Wiese wieder. Alles duftet, und die Farben strahlen beinahe noch intensiver als zuletzt. Nachdenklich schlendert er den vertrauten Weg entlang, bis er an die zuvor vertrocknete Stelle kommt. Hier blüht endlich wieder das Leben und leise fährt der Wind durch die saftig grüne Wiese.

Vor ihm räkelt sich das grüne Männchen im Gras. „Danke, dass du wiedergekommen bist und mich gerufen hast. Ich bin Onin, schau, was du geschafft hast, Nino!“

Nino ist erstaunt. Sollte tatsächlich er selbst die Wiese gerettet und dieses Wesen gerufen haben?

„Denk doch einmal nach, was Onin bedeutet!“, flüstert das Männchen. „Ich bin du und du bist ich. Wenn du dich besser kennst, wirst du wissen, was zu tun ist. Hier, in deiner Traumwelt, hast du die Wiese gerettet. Willst du, dass ich dir dafür in deiner wirklichen Welt helfe?“

Stumm nickt Nino und setzt sich Onin auf seine linke Schulter.

Als er aufwacht, ist das Männchen nicht mehr da. Dafür merkt Nino, wie er ein Lied in sich hört:

„Nino Ninonino Nino …“

Nino ist froh, denn er weiß: Diesmal kann er es schaffen.

Ninos Traumlied

Melodie und Text:
Caroline Oblasser

Strophen

1. In der Nacht hat Ni-no ei-nen Traum: Er er - wacht in ei-nem hel-len Raum. Auf der

Wie-se sieht er Blu-men blüh'n und be - schließt, di - rekt dort-hin zu geh'n.

Refrain

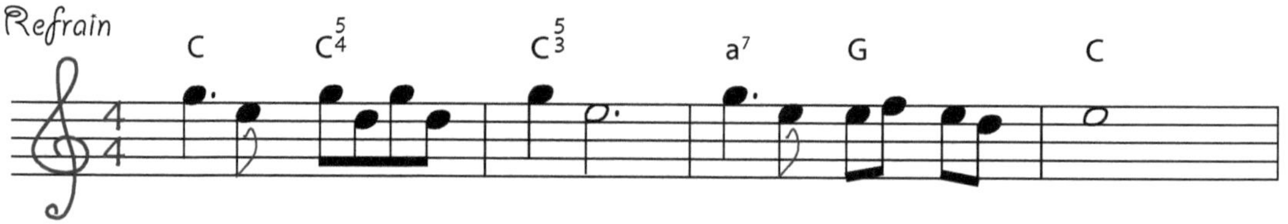

Ni - no Ni - no Ni - no Ni - no Ni - no Ni - no Nin - O - nin

Ni - no Ni - no Ni - no Ni - no Ni - no Ni - no Nin - O - nin

In der Nacht hat Nino einen Traum:
Er erwacht in einem hellen Raum.
Auf der Wiese sieht er Blumen blüh'n
und beschließt, direkt dorthin zu geh'n.

Refrain: *Nino Nino Nino Nino, Nino Nino Nin-Onin,*
Nino Nino Nino Nino, Nino Nino Nin-Onin.

Nino hört, wie etwas zu ihm spricht:
„Komm zu mir, ich bin ein kleiner Wicht.
Onin heiß' ich, bring den Blumen was,
und dann sind sie endlich wieder nass.

Mach auch du die Blumen richtig voll.
Du wirst sehen, das ist wirklich toll!"
Nino zielt und fühlt sich riesengroß
hält die Kanne dicht vor seinen Schoß.

Doch ganz plötzlich ruft das Männlein: „Halt!"
Nino spürt, ihm wird da unten kalt.
Er hat leider in sein Bett gemacht.
Einmal mehr war's eine nasse Nacht.

Nino weint, er schämt sich doch so sehr.
Wo kriegt er das neue Bettzeug her?
Wird die Mama wieder traurig sein?
Und die Schwester rufen: „So ein Schwein!"

Abends fühlt sich Nino sehr allein.
Und er hofft: „Ich will doch trocken sein..."
Onin meint: „Den Blumen geht es gut,
sei jetzt stark und fasse neuen Mut!"

Samstag früh schläft Nino ziemlich lang.
Als er aufwacht, ist ihm angst und bang,
doch er pieselt ewig lang ins Klo
und ist wirklich unwahrscheinlich froh.

Endlich klappt's, das Bett ist nicht mehr nass,
und das Schlafen, das macht ganz viel Spaß.
Nino freut sich über's Trockensein,
und auch Mama findet das ganz fein.

1) Welches Problem hat Nino?

____

2) Was muss Nino nachts machen, während andere schlafen?

____

3) Wie verhält sich Ninos Familie?

____

4) Wen hat Nino im Traumland gerettet?

____

5) Wer hilft Nino?

____

Auflösung der Fragen:

1) Nino macht nachts ins Bett.

2) Wenn das Bett nass geworden ist, muss Nino aufstehen und saubermachen. Dazu gehört, dass er das Bettzeug und das Leintuch wechselt und das klitschnasse, nach Pipi stinkende Zeug in die Badewanne oder die Waschmaschine wirft.

3) Seine Mama tut meist so, als sei nichts passiert, obwohl sie Pipi im Bett überhaupt nicht gut findet. Ninos jüngere Schwester rennt oft naserümpfend durch das Zimmer. Sie meckert, dass alles nach Pipi riecht und sie ihren Freundinnen diesen Saustall nicht zumuten kann. Ninos Papa wiederum möchte wissen, wieso Nino nachts das Bett nass macht.

4) Nino hat die Blumenwiese gerettet.

5) Das Männlein namens Onin hilft Nino. Es erinnert ihn an seine Fähigkeiten und dass er bereit ist, etwas zu verändern. Nino setzt sich das Männlein auf seine linke Schulter. Als er aufwacht, hört er das Ninonino-Lied in sich.

Alles über das kleine Geschäft und das nasse Bett

Wie entsteht Pipi?

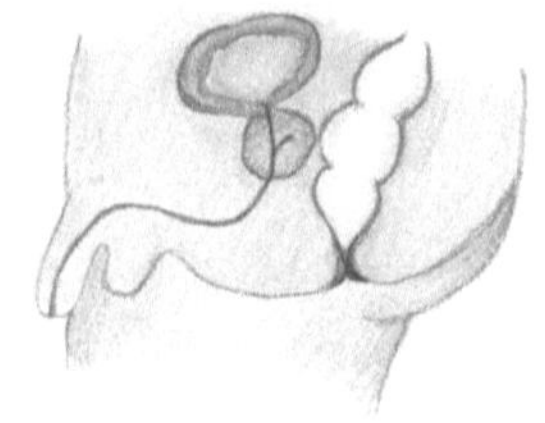

Pipi, auch Urin genannt, ist eine von den Nieren* erzeugte Flüssigkeit, die sich erst in der Blase sammelt und dann über die Harnröhre ausgeschieden wird. Dein Körper wird so Stoffe los, die er nicht mehr benötigt oder die ihm sogar schaden könnten. Der Körper steuert über das Pipimachen auch seinen Flüssigkeitshaushalt*, indem er verhindert, dass du zu wenig oder zu viel Wasser speicherst.

Wie sieht Pipi aus?

Wenn du viel trinkst wird es ganz hellgelb bis fast farblos, und wenn du wenig Flüssigkeit aufnimmst, sieht es intensiv gelb bis orange aus. Pipi kann durchsichtig sein oder trüb. Krankes Pipi erkennst du an seiner hellroten bis dunkelroten Farbe, manchmal ist es sogar braun bis fast schwarz.

Wonach riecht Pipi?

Frisches Pipi riecht ähnlich wie Rindssuppe. Wenn du es länger stehen lasst, riecht es durch Abbauprodukte* unangenehm scharf nach Ammoniak*. Trinkst du sehr wenig, wird auch der Geruch des frischen Pipis stärker. Manchmal ändert sich der Uringeruch durch verschiedene Nahrungsmittel oder Medikamente, die du zu dir nimmst. Hast du zum Beispiel Spargel gegessen, dann riecht dein Pipi eigenartig. Krankes Pipi kann stechend und komisch riechen, und du selbst empfindest das Wasserlassen dann möglicherweise als schmerzhaft.

Kannst du Pipi trinken?

Ja, weil gesundes Pipi fast frei von Krankheitserregern* ist. Früher wurde dem Urin eine Heilkraft nachgesagt, und auch heute noch gibt es Bücher, die sich gezielt damit beschäftigen. Der im Urin enthaltene Harnstoff* wird heute künstlich erzeugt und in Salben gegen Hautkrankheiten sowie zur Hautpflege verwendet.

Muss wirklich jeder aufs Klo?

Ja, da kommt keiner aus. Das kleine ist ohnehin schwerer zurückzuhalten als das große Geschäft, wie du bereits bemerkt hast. Der Körper zeigt dir dadurch, wie wichtig das regelmäßige Klogehen für dich ist, um gesund zu bleiben.

Wie pieseln Jungen?

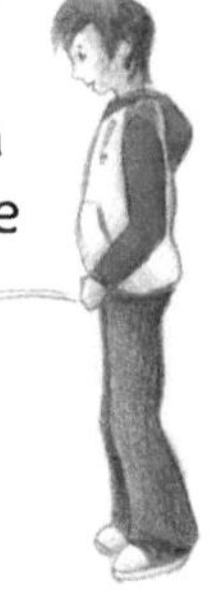

Der Urin von Jungen kommt aus der Spitze des Penis heraus, weil da ihre Harnröhre endet. Das ist recht praktisch, weil sie deshalb im Stehen pieseln können, ohne sich anzumachen. Sie können ihren Pipistrahl steuern – wie Wasser aus einem Gartenschlauch – und sogar Worte in den Schnee „schreiben". Sofern es sich nicht um komplizierte Wörter wie „Donaudampfschifffahrtskapitänskajüte" handelt.

Wie pieseln Mädchen?

Der Urin von Mädchen kommt aus der Mündung ihrer Harnröhre, die ziemlich weit vorn zwischen den kleinen Schamlippen sitzt. Dadurch können sie nur im Sitzen oder Hocken pieseln, sonst werden sie ziemlich nass da-

bei. Außerdem müssen sie sich immer die Unterhose ausziehen, um freie Bahn zu haben. Das dauert natürlich länger als bei Jungen. Daher ist die Warteschlange vor den Mädchenklos auch oft so lang, und nicht nur deshalb, weil Mädchen gerne quatschen oder sich vor dem Spiegel hübsch machen.

Ist das Pipimachen angenehm?

Ja, die meisten Menschen finden es recht angenehm. Manche grunzen oder stöhnen auch wohlig dabei, besonders, wenn sie ganz dringend aufs Klo oder zum Pissoir mussten.

Wann ist das Pipimachen unangenehm?

Besonders unangenehm ist das Pipimachen bei einem Harnwegsinfekt*. Bei diesem muss man ganz schnell und dringend aufs Klo, das Pieseln tut furchtbar weh, und es kommt auch nur wenig Urin. Unangenehm kann es auch bei Veränderungen an der Mündung der Harnröhre sein, wenn etwa bei Jungen die Vorhaut* zu eng ist, sich der Urin dahinter sammelt und den Penis wie einen Ballon aufbläht.

Was passiert, wenn du das Pipimachen aufschiebst?

Das ist gar nicht so leicht, weil der Harndrang schnell stark wird und dann beinahe schon weh tut. Schiebst du das Wasserlassen aber immer wieder auf, ist das ungesund für dich. Es kann sogar dazu führen, dass du wieder die Kontrolle über das Pipimachen verlierst und des Öfteren etwas in die Hose geht.

Wo und wie kannst du aufs Klo gehen, wenn keines da ist?

Wenn kein Klo in der Nähe sein sollte, reichen ein Baum, ein Busch oder ein Erwachsener wie deine Mama, um dir Deckung zu geben. Der Tipp für Mädchen lautet: Damit deine Sachen trocken bleiben, wenn es spritzt, platziere zuerst die Unterhose ungefähr in der Mitte der Oberschenkel. Hocke dich dann möglichst tief runter und stelle die Füße ganz weit voneinander hin!

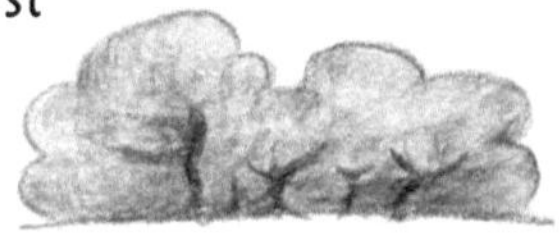

Ist das Pipimachen auf öffentlichen Toiletten ratsam?

Ja, wenn du dringend musst und gerade nicht in der Natur unterwegs bist.

Bei den öffentlichen Toiletten sind zwei Arten zu unterscheiden: Die gut gepflegten – für die ist manchmal zu zahlen – und die ekligen.

Den ekligen willst du ohnehin nicht zu nahe kommen und wenn, werden die Mädchen wohl im Hocken pieseln oder, wenn sie noch klein sind, sich von Mama oder Papa über die Ekeltoilette halten lassen.

Bei den sauberen Toiletten findest du normalerweise ausreichend Klopapier vor. Das kannst du sicherheitshalber auf die Toilettenbrille legen, damit du beruhigt im Sitzen aufs Klo gehen kannst. Manchmal gibt es sogar einmalig verwendbare Auflagen oder Desinfektionsmittel* zum Abwischen der Toilettenbrille.

Ein Tipp: Versenke das erste Blatt Klopapier, denn daran hängen vielleicht noch Klospuren des Menschen, der vor dir auf der Toilette war.

Macht das Pipimachen auf öffentlichen Toiletten krank?

Nein, es macht nicht von vornherein krank, auch wenn manche Erwachsene dir das einreden wollen. Kommst du ungewollt mit fremdem Urin in Berührung, ist das nicht ansteckend. Hast du allerdings Hautkontakt mit fremdem Kot, ist unbedingt Händewaschen angesagt. Denn darin befinden sich – im Unterschied zum kleinen Geschäft – Krankheitserreger. Diese würdest du durch deine ungewaschenen Hände beim Essen oder Nägelkauen durch den Mund in deinen Körper bringen. Der Tipp für Mädchen: Vermeide es, dich direkt auf öffentliche Klobrillen zu setzen. Hocke dich am besten darüber.

Wie reinigst du dich nach dem Klogehen?

Reinigungstipp für Mädchen: Nimm zwei Blätter Klopapier und wische von vorne nach hinten, damit du dir nicht Keime* vom Popo in die Harnröhre schmierst. Das könnte eine schmerzhafte Entzündung verursachen.

Reinigungstipp für Jungen: Ziehe die Vorhaut – falls du eine hast – ein kleines Stück zurück, bis du die Spitze deiner Eichel siehst, damit dein Harnstrahl gerade bleibt. Nach dem Pieseln sollst du die Harnröhre zart in Richtung Spitze ausdrücken und den letzten Tropfen mit einem Blatt Klopapier abtupfen. Hast du kein Klopapier zur Hand und ist dein Penis lang genug, dann kannst du ihn – wie die Großen – direkt über dem Klo (und nicht daneben!) einfach „abschütteln".

Wohin gehört Pipi?

Es gehört üblicherweise ins Klo, wenn du nicht gerade einen schönen Wald oder einen Busch auf einer Wiese zur Verfügung hast. In öffentlichen Schwimmbädern haben das kleine und große Geschäft überhaupt nichts verloren. Damit alles aus der Toilette dort ankommt, wo es hin soll, haben Wassertoiletten (Abkürzung: WC) eine Spülung. Sie leiten mit Druck viel Wasser in das Klo und befördern Ausscheidungsprodukte und Klopapier in die Kanalisation.

Was ist die Kanalisation?

Die Kanalisation ist ein Röhren- und Tunnelsystem unter der Erde. Es führt zur Kläranlage*, wo das verschmutzte Wasser wieder gereinigt wird. Nur die Kanaldeckel auf der Straße verraten das unterirdische Tunnelsystem. In Röhren fließt das verschmutzte Abwasser zur Kläranlage. Gitter* mit immer engeren Abständen fischen zuerst Holz, Bleche, Verpackungsmaterialien oder Küchenabfälle heraus. Transportierte Kieselsteinchen und Sand sinken durch die langsame Fließgeschwindigkeit des Abwassers im nächsten Becken zu Boden. Öle und Fette schwimmen hingegen an der Oberfläche und werden abgesaugt. Bakterien zersetzen im Schlammbecken Urin und Kot. Sie benötigen bei ihrer nützlichen Arbeit viel Sauerstoff. Deshalb wird ständig Luft eingeblasen und mit einem Rührwerk das stinkende Wasser durchmischt.

Benzin, Farbstoffe, Waschmittel oder Medikamente schmecken den winzigen Tierchen nicht. Sie sterben und können ihre Arbeit zum Wohle der Menschen, Tiere und Pflanzen nicht mehr verrichten. Im Abwasser unsichtbar gelöste Stoffe wie Badezusätze oder Seifen werden durch Chemikalien* gebunden und ausgeschieden. Auf der Deponie* landet der Klärschlamm* mit dem scharfen Geruch. Das fast wieder reine Wasser fließt zurück in den Fluss und schließt den Kreislauf.

Sollst du dir nach dem Klogehen die Hände waschen?

Ja! Das ist bei uns so üblich, weil die Jungen beim Pieseln ihren Penis halten und die Mädchen beim Abwischen vielleicht mit ihrem Pipi in Berührung kommen. Auch wenn du jetzt weißt, dass Pipi nicht ungesund oder schmutzig

ist, empfinden es die meisten Menschen als unhygienisch, wenn du dir nach dem Klogehen nicht die Hände wäschst. Zu Hause kannst du das Händewaschen nach dem kleinen Geschäft vielleicht ab und zu auslassen, nach dem großen Geschäft sollst du aber auch hier unbedingt einen Reinigungsgang einlegen.

Wie spürt dein Körper, dass er Pipi machen muss?

Die Blase, in der sich das Pipi langsam sammelt, schaut so ähnlich aus wie ein Luftballon und kann sich auch sehr gut ausdehnen. In der Wand der Blase gibt es Nerven, die dem Hirn melden, wenn sie voll ist. So fühlst du, wenn deine Blase entleert werden möchte, und weißt, dass du mal musst. Dann gehst du aufs Klo, entspannst den Muskel, der die Blase sonst daran hindert, auszulaufen, und pieselst.

Wie viel Pipi macht der Körper pro Tag?

Das kommt ein bisschen darauf an, wie viel du trinkst und durch das Schwitzen (z.B. beim Fußballtraining, beim Trampolinspringen) an Flüssigkeit verlierst. Es sollten je nach deinem Körpergewicht ungefähr insgesamt 0,7 bis 1,5 Liter am Tag sein.

Wie oft muss man Pipi machen?

Dein Körper ist klug. Damit du nachts schlafen kannst, produziert der Körper am Tag normalerweise etwa vier bis sechs Portionen Urin. In der Nacht entsteht aber meist nur so viel, wie eine normal entwickelte Blase während des Schlafens gut halten kann.

Warum wird das Bett nachts nass?

Das kann an vielen Dingen liegen. Trau dich, deine Eltern oder nahe Verwandte zu fragen, wie lange sie selbst ins Bett gemacht haben. Ganz häufig ist das Einnässen nämlich vererbt wie braune Augen oder Stupsnasen.

Manchmal kann es daran liegen, dass der Körper – wie beim Baby – tags und nachts noch dieselbe Menge Urin produziert. Zusätzlich merken diese Kinder eine volle Blase nachts nicht. Sie schlafen einfach weiter und machen ins Bett, ohne es zu merken.

War dein Bett schon einmal trocken, kann es durchaus passieren, dass du, wenn du Probleme hast, neuerlich ein nasses Bett bekommst.

Ab wann reden Erwachsene vom Bettnässen?

Wenn Kinder mindestens fünf Jahre alt sind und im Schlaf mindestens zwei Mal pro Monat einnässen, spricht man vom Bettnässen. Man nennt das auch Enuresis*. Kinder können dabei noch nie trocken gewesen sein oder nach einer langen trockenen Phase wieder einnässen.

Wie viele andere Kinder außer dir haben ein nasses Bett?

Man schätzt, dass es in Österreich mindestens 64.000 Kinder zwischen 6 und 16 Jahren sind. Das ist eine ganze Menge! Stell dir vor, wenn alle Kinder, die in Österreich noch nachts ins Bett machen, sich an der Hand nehmen würden, könnten sie eine Kette von Wien nach Eisenstadt bilden.

In Deutschland sind ungefähr 120.000 bis 160.000 Fünfjährige und geschätzte 640.000 Kinder zwischen fünf und zehn Jahren davon betroffen.

Vielleicht erleichtert es dich, zu wissen, dass sogar 1 bis 2 Prozent der Erwachsenen, die entweder niemals trocken waren oder krank sind, ihre Blase nachts nicht unter Kontrolle haben.

Wie ist das mit deinen Mitschülern?

In jeder ersten Klasse Volksschule gibt es etwa noch drei Kinder und in einer ersten Klasse Hauptschule oder Gymnasium immerhin noch zwei Kinder, die nachts ab und zu bettnässen. Somit bist du mit deinem Problem nicht allein!

Welche Probleme bringt ein nasses Bett mit sich?

Manche Kinder werden gehänselt, wenn Gleichaltrige von ihren Schwierigkeiten erfahren. Das kann sehr traurig machen und dazu führen, dass sie keine Lust mehr haben, mit anderen zu spielen. Oftmals vermeiden Betroffene, bei ihren Freunden zu übernachten oder an mehrtägigen Klassenaktivitäten teilzunehmen. In manchen Kinderzimmern riecht es trotz intensiver Versuche, das Bett rasch zu reinigen, doch irgendwann einmal unangenehm nach Pipi. Dann hat man noch weniger Interesse, Freunde nach Hause einzuladen.

In einigen Familien kann das Einnässen zu Vorwürfen und Streit führen, weil Mama und Papa nicht wissen, dass es fast nie absichtlich geschieht. Ebenso kann es passieren, dass sich die Eltern uneinig sind, was zu tun ist und was bei einem nassen Bett hilft. Abgesehen von Meinungsverschiedenheiten müssen betroffene Familien mehr Geld für Wasser, Waschmittel und Hygieneartikel (z.B. Seife, Shampoo) ausgeben, und das Wechseln der Bettwäsche in der Nacht oder in der Früh macht viel Arbeit und Stress. Das alles führt dazu, dass sich die Kinder schlecht und hilflos fühlen.

Wem sollst du davon erzählen?

Obwohl ein nasses Bett häufig vorkommt, reden nur wenige davon. Dennoch ist es wichtig, dass du dich einigen Menschen, von denen du dich gemocht fühlst, anvertraust.

Überlege, welche Freunde und Freundinnen du gemeinsam mit deinen Eltern einweihen möchtest, damit du, wie andere Kinder auch, trotz Einnässens auswärts übernachten kannst, ohne fürchten zu müssen, dich zu blamieren:

Was kannst du dagegen tun?

Wenn dir Sache mit dem nassen Bett bereits auf die Nerven geht, versuche Folgendes:

- Tausche dich mit deinen Eltern darüber aus, was für dich zu Hause unangenehm ist und was dich unterstützt. Überlegt gemeinsam, wie du dein Bett herrichtest. Möchtest du eine dicke, an der Unterseite wasserdichte, saugende Unterlage für die Matratze haben oder bevorzugst du eine plastikbeschichtete? Möchtest du spezielle windelähnliche Unterhosen für ältere Kinder tragen? Sie heißen „Pull-ups" oder „Trainingshosen" und schützen dich davor, in einem nassen Bett aufzuwachen.
- Sorge zusätzlich dafür, dass die Toilette oder dein Nachttopf rasch erreichbar ist.
- Bitte deine Eltern darum, dass der Weg zum Klo nachts beleuchtet bleibt, damit du dich sicher fühlst. Kleine Lämpchen, die man in die Steckdose steckt, können hier große Dienste erweisen und ersparen dir den Grell-Schock, wenn du das „echte" Licht andrehst.
- Legt euch immer eine überzogene Ersatzgarnitur an Bettwäsche bereit. Für die Matratze empfiehlt sich, diese erst mit einem Leintuch, anschließend mit einer wasserfesten Unterlage zu überziehen und diese im Fall des Falles abzunehmen. So brauchst du die Matratze in der Nacht nicht neu zu beziehen. Du kannst auch zwei wasserfeste Matratzenschonbezüge übereinander geben, wenn du davor Angst hast, zwei Mal pro Nacht einzunässen.
- Klärt gemeinsam, wer welche Aufgaben beim Saubermachen und Wäschewaschen am Tag und in der Nacht übernimmt.
- Achte am Morgen nach dem nassen Bett darauf, früh genug aufzustehen, um dich in Ruhe zu duschen.
- Versuche, doofe Kommentare deiner Eltern/Geschwister zu überhören. Sie fühlen sich ähnlich schlecht wie du. Vertraue deinen Eltern deine Sorgen an oder sage ihnen, in welchen Schwierigkeiten du steckst. Nur so haben sie die Chance, dir gut zu helfen.

Was kannst du sonst noch machen?

Wenn du handfeste Tipps brauchst, damit du dein nasses Bett in den Griff bekommst, beachte die folgenden Informationen:

- Du kannst aufmerksam sein und deine Trinkgewohnheiten beobachten und verändern. Günstig ist, wenn du vormittags – ebenso in der Schulzeit – viel trinkst. Vermeide kohlensäurehaltige und koffeinhaltige Getränke, wie Cola, Energy Drinks oder Eistee, da sie deinen Körper entwässern und somit die Urinproduktion anregen.
- Vermeide salzhaltige Speisen am Abend, auf die du einen monstermäßigen Durst bekommst! Halte dich lieber an leckeres Gemüse, Käse und Brot anstatt an übersalzene Salami oder Chips.
- Bevor du dich abends in dein feines Bett kuschelst, gehe unbedingt noch einmal aufs Klo. Wenn du nicht gleich einschlafen kannst, ist es möglich, dass du sogar ein zweites Mal musst vor dem Einschlafen. Das ist normal.
- Achte darauf, dass deine Füße warm sind, ziehe dir im Winter eventuell warme Kuschelsocken an. Kalte Füße führen dazu, dass du frierst und die Signale der Blase dadurch nicht wahrnimmst.
- Gib dir und deinem Körper Zeit, zu lernen und zu üben, die Blase auch in der Nacht zu kontrollieren. Und wenn nicht alles so rasch klappt, wie du es dir wünschst, bleib trotzdem dran! Erinnerst du dich, wie lange es gedauert hast, bis du gut schreiben und lesen konntest?

Mal was anderes: Was ist hier zu tun?

Das Wartehäuschen an der Bushaltestelle der 7 Zwerge ist ganz verkommen: Risse und Löcher sind in der Wand. Ein Gewitter zieht auf. Womit kannst du die Risse und Löcher stopfen, damit es nicht reinregnet?

Wann solltest du zu einem Spezialarzt/einer Spezialärztin?

Wenn trotz deiner Bemühungen ein trockenes Bett auf sich warten lässt, dann sollst du zu einem Spezialarzt/einer Spezialärztin* gehen. Das Bettnässen kann nämlich unterschiedliche Ursachen haben, und jede wird anders behandelt. Ein Spezialarzt/eine Spezialärztin kennt viele Kinder, denen es ähnlich geht wie dir. Du kannst ihm/ihr alles sagen.

Gut ist, wenn du dir vorher überlegst, welche Worte du verwenden kannst, um über das Einnässen zu sprechen, ohne dass es dir peinlich ist. Bei einem Spezialarzt/einer Spezialärztin brauchst du aber keine Panik zu haben, er oder sie ist nämlich auf dein Problem spezialisiert.

Was erwartet dich bei einem Spezialarzt/einer Spezialärztin?

Der Spezialarzt/die Spezialärztin hat die Aufgabe herauszufinden, weshalb du noch ins Bett machst und wie dir geholfen werden kann. Dazu können weitere Untersuchungen notwendig sein, welche er/sie dir aber genau erklären wird. Es werden eine Menge Fragen auf dich warten.

Hier findest du einige Beispiel-Fragen, die der Spezialarzt/die Spezialärztin an dich stellen könnte:

- „Wie oft in der Woche machst du ins Bett?"
- „Wie viel und wann trinkst du welche Getränke am Tag?"
- „Trinkst du auch nachts, und wenn ja, wann und wie viel?"
- „Was isst du wann und wie viel davon?"
- „Wie oft musst du am Tag zur Toilette?"
- „Hast du einen durchgehenden oder tröpfelnden Urinstrahl?"
- „Musst du den Bauch einziehen, damit das Pipi kommt?"

- „Hast du bereits eine Entzündung der Blase gehabt oder hast/ hattest du Schmerzen beim Pipimachen?“
- „Was haben du und deine Eltern bereits gegen das Einnässen unternommen?“
- „Warst du schon einmal längere Zeit ganz trocken? Und wenn ja, was hat deiner Meinung nach dazu geführt, dass das Einnässen wieder losgegangen ist?“
- „Wachst du auf, wenn du ins Bett gemacht hast?“
- „Willst du wirklich trocken werden?“
- „Machst du manchmal absichtlich ins Bett?“

Im Anschluss wird dein Urin untersucht. Dein Arzt/deine Ärztin wird dich wahrscheinlich bitten, in einen Becher zu pieseln. Wie das geht, wird dir vom Arzt/von der Ärztin oder dem Assistenten/der Assistentin erklärt, und du darfst dafür (mit Mama/Papa) aufs Klo gehen, man wird dir nicht dabei zusehen. Meistens legt der Arzt/die Ärztin einen schmalen Streifen in den Urin, auf dem kleine Messfelder sind. Diese zeigen durch Farbänderung an, ob sich Bakterien, Blut oder andere Substanzen*, die nicht hineingehören, in deinem Urin befinden.

Dann bist du an der Reihe. Dazu wird der Arzt/die Ärztin deinen Körper genauer untersuchen. Dafür sollst du dich nackt ausziehen. Nur so kann der Arzt/die Ärztin feststellen, ob bei dir der Ausgang der Harnröhre an der richtigen Stelle sitzt und Penis oder Scheide normal aussehen.

Manchmal macht der Arzt/die Ärztin noch eine Ultraschalluntersuchung deiner inneren Organe, weil er/sie von außen nicht sehen kann, ob z.B. deine Nieren am richtigen Ort sitzen. Diese Untersuchung tut nicht weh, aber du bekommst ein bisschen kaltes Gel auf die Haut geschmiert, damit das Gerät gut auf der Haut gleiten kann. Erschrick nicht und sage dem Arzt/der Ärztin eventuell, dass er/sie das Gel vor dem Auftragen erwärmen soll.

Zum Schluss bekommst du zumeist noch einen Pipikalender, der bis zum nächsten Termin sorgfältig ausgefüllt werden muss. So gewinnt dein Arzt/deine Ärztin zusätzliche wichtige Informationen. Sind weitere Untersuchungen notwendig, was eher selten vorkommt, wird dein Arzt/deine Ärztin dir genau erklären, was passiert, und welche Untersuchungen möglicherweise unangenehm sind.

Welche Therapien gegen das Bettnässen gibt es?

Die Meinungen der Fachleute unterscheiden sich, was bei einem nassen Bett zu tun ist. Alle sind sich jedoch einig, dass du und deine Familie sehr gut informiert sein solltet. Nur so könnt ihr zu ExpertInnen dafür werden, was dein Körper benötigt. Auch wird die genaue Führung eines Pipikalenders empfohlen. Oftmals reicht das bewusste Einschreiben in den Kalender bereits aus, damit du seltener mit einem nassen Bett zu tun hast. Manche Fachleute raten zu kleinen Belohnungen, wenn du deinen Körper kontrollieren lernst. Denn so macht das Lernen mehr Spaß.

Das Einnässen ohne trockene Phasen – primäre Enuresis genannt – wird häufig im Laufe der Zeit von alleine besser. Vom Arzt/von der Ärztin verschriebene Medikamente und/oder Alarmsysteme können zusätzlich helfen:

- Es gibt Tabletten, die deinem Körper helfen, in der Nacht weniger Urin zu produzieren. Sie zeigen oft sehr rasch eine Wirkung, müssen aber über den Zeitraum von etwa sechs Monaten nach einem strengen Plan eingenommen werden, damit sie auch dauerhaft wirken.
- Es gibt Alarmsysteme – sie heißen Klingelhose oder Klingelmatratze –, die empfohlen werden, wenn du oft und viel ins Bett machst, ohne dabei aufzuwachen.

Ist dies der Fall, sendet die Blase zu wenig Signale an das Gehirn, dass du aufstehen und aufs Klo gehen sollst. Sobald Urin in die Klingelhose oder auf die Klingelmatratze trifft, geht ein Alarm los. Anfangs weckt dieser Alarm deine Mama oder deinen Papa, welche wiederum dich aufwecken, damit du aufs Klo gehst. Später wirst du selbst durch das Klingeln wach. Diese Therapie ist anstrengend, aber wirksam.

- Es ist möglich, Tabletten und Klingelhose/Klingelmatratze zu kombinieren, um noch mehr Erfolg zu haben.
- Manche Ärzte/Ärztinnen denken an weitere Behandlungsmöglichkeiten. Sie werden dir zum Beispiel vorschlagen, dass du Therapien wie pflanzliche Medizin oder Ergotherapie* – das ist eine Art Bewegungs- und Körperwahrnehmungstherapie – probierst. Sie werden dir genau erklären, was dich erwartet.

Viele der angesprochenen Therapieformen haben auch Nachteile. So können die Medikamente Nebenwirkungen (z.B. Schwindel, Übelkeit) haben und die Klingelhose/Klingelmatratze stört euren Schlaf. Überlege daher gemeinsam mit deinen Eltern, was gut für euch ist. Versuche auch, deinen Körper so genau wie möglich kennenzulernen.

Zusätzliche Behandlungsmöglichkeiten gibt es, wenn du bereits einige Zeit trocken warst und das Einnässen wieder auftritt. Das bedeutet nämlich, dass der Körper in der Lage ist, die Blase auch in der Nacht zu kontrollieren. Bei dieser Form des Einnässens wirken Medikamente und die Klingelhose/Klingelmatratze wahrscheinlich weniger. Daher wirst du zuerst den Pipikalender sorgfältig ausfüllen, und dann wird dir der Arzt/die Ärztin verschiedene Vorgehensweisen empfehlen. Stell dich darauf ein, dass du viel Durchhaltevermögen benötigen wirst und psychologische oder psychotherapeutische Unterstützung hilfreich sein kann. Hast du Scheu davor? Dann denke daran: Auch Spitzensportler oder Manager lassen sich bei großen Vorhaben von PsychologInnen* oder PsychotherapeutInnen* begleiten!

Wobei können dir PsychologInnen oder PsychotherapeutInnen helfen?

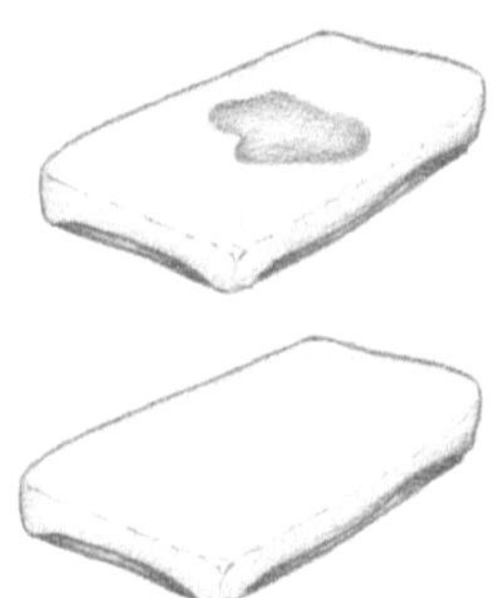

Ein nasses Bett ist ein Problem, mit dem sich nach ärztlicher Abklärung PsychologInnen und PsychotherapeutInnen beschäftigen. Sie können durch bestimmte Fragen, Übungen, Geschichten und sogar durch Spiele dazu beitragen, dass du Neues über dich, deine Familie, das Bettnässen und deinen Umgang damit erfährst. Diese Fachleute können für dich gute Zuhörer sein und dich auf Ideen bringen, wie du die Sache mit dem nassen Bett in den Griff bekommen kannst.

Des Weiteren überlegen sie gemeinsam mit dir und/oder deinen Eltern, was sich bewährt hat und was noch ausprobiert werden kann. Indem du deine vorhandenen Fähigkeiten kombinierst und neue entwickelst, kannst du das Problem mit dem nassen Bett verringern oder es sogar verschwinden lassen.

PsychologInnen und PsychotherapeutInnen sind wie du nur Menschen, deshalb sind dir manche sympathischer und lieber als andere. Dieser Unterschied ist enorm wichtig. Denn nur jener Person, die du magst, wirst du von deinen Gefühlen und Sorgen erzählen können und wollen. Achte also darauf, dass du jemanden findest, den du magst und bei dem positive Veränderungen geschehen. Bleibt der Erfolg aus und gehst du nur ungern zu den Terminen, teile das unbedingt deinen Eltern mit.

Ziemlich sicher finden sie jemanden, der besser zu dir passt.

Behalte auch in Erinnerung, dass diese ExpertInnen für Probleme ohne deine Bereitschaft kaum etwas verändern können.

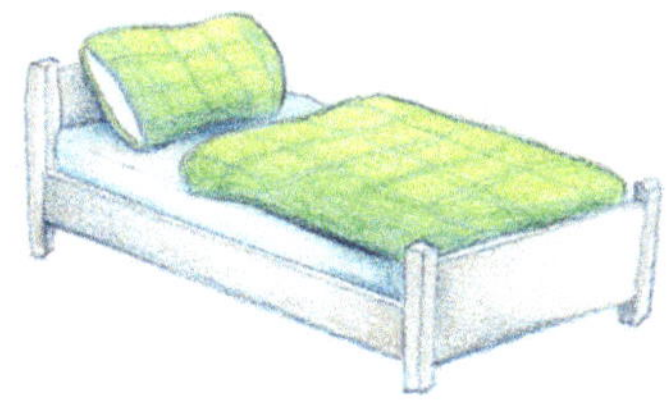

Mit-Mach-Seiten für Kinder und Jugendliche

Hinweis: Die mit der Toilette gekennzeichneten Mit-Mach-Seiten enthalten relevante Informationen für die Stellung einer Diagnose* durch ÄrztInnen und/oder PsychologInnen.

Dein Pipikalender

Beobachte eine Woche aufmerksam, wann, wie oft und wie viel du pieseln musstest und wie viel du getrunken hast.

morgens

Trinken	
Uhrzeit	Menge

Pieseln	
Uhrzeit	Menge

vormittags

Trinken	
Uhrzeit	Menge

Pieseln	
Uhrzeit	Menge

mittags

Trinken	
Uhrzeit	Menge

Pieseln	
Uhrzeit	Menge

nachmittags

Trinken	
Uhrzeit	Menge

Pieseln	
Uhrzeit	Menge

abends

Trinken	
Uhrzeit	Menge

Pieseln	
Uhrzeit	Menge

nachts

Trinken	
Uhrzeit	Menge

Pieseln	
Uhrzeit	Menge

KLO

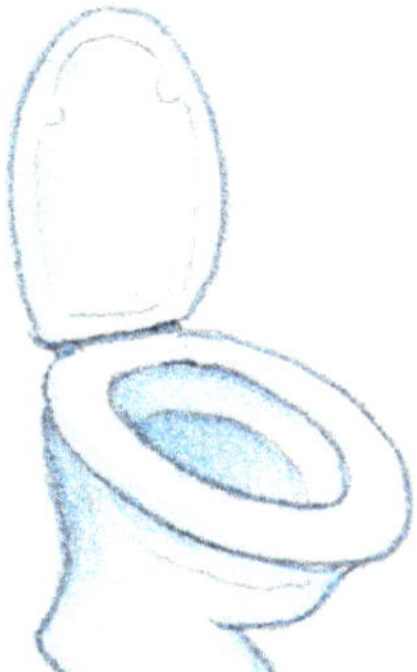

Wie pieselst du am liebsten?

Mädchen und Jungen pieseln von Natur aus anders. Zeichne auf, wie und wo du am liebsten wasserlässt.

Welcher Pieseltyp bist du?

Ob du es glaubst oder nicht, beim Pieseln lassen sich Gemeinsamkeiten finden. Kreuze an, was auf dich zutrifft.

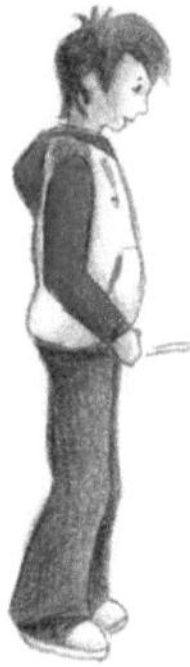

- ○ Weit-Piesler
- ○ Press-Piesler 
- ○ Sturzbach-Piesler 
- ○ In-letzter-Sekunde-Piesler 
- ○ Tröpferl-Piesler 
- ○ Oft-Piesler 
- ○ Selten-Piesler

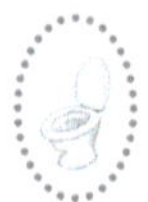

Wie sieht dein Pipi aus?

Dein Pipi sieht immer wieder anders aus. Das hängt davon ab, wie viel du getrunken hast und ob du krank bist. Umkreise jenes Pipi, das du schon kennen gelernt hast. Kennst du weitere Pipi-Arten? Zeichne sie ins gelbe Feld.

Optimales Pipi

Schmerz-Pipi

Ballon-Pipi

Unterbrochenes Pipi

Schnecken-Pipi

Schwall-Pipi

Strahl-Pipi

Mief-Pipi

Alarm-Pipi

Was trinkst du?

Finde heraus, was du am häufigsten trinkst. Dann umkreise die auf dich zutreffenden Getränke.

Wie fühlst du dich?

Du wachst in der Nacht auf und stellst fest, dein Bett ist nass. Wie fühlst du dich dann? Ins freie Feld kannst du weitere Gefühle von dir zeichnen.

Was stört dich am meisten?

Ein nasses Bett ist meist eine äußerst unangenehme Sache. Zeichne auf der Leiter ein, wie sehr es dich überhaupt stört. Auf welcher Sprosse stehst du?

Jetzt kreuze jene Dinge an, die dich besonders nerven.

- ◯ Im Bett ist es kalt.
- ◯ Im Bett ist es feucht.
- ◯ Im Zimmer riecht es unangenehm.
- ◯ Ich muss mich sofort waschen.
- ◯ Ich muss die nasse Bettwäsche abziehen.
- ◯ Ich muss mein Bett frisch beziehen.
- ◯ Ich muss die nasse Bettwäsche wegbringen.
- ◯ Ich muss nachts aufstehen.
- ◯ Ich und meine Mama haben Streit.
- ◯ Ich und mein Papa haben Streit.
- ◯ Ich fühle mich schlecht.
- ◯ Ich kann nicht woanders übernachten.
- ◯ Freunde können nicht bei mir übernachten.
- ◯ Meine Eltern sind genervt.
- ◯ Ich muss mein Bettzeug selbst waschen.

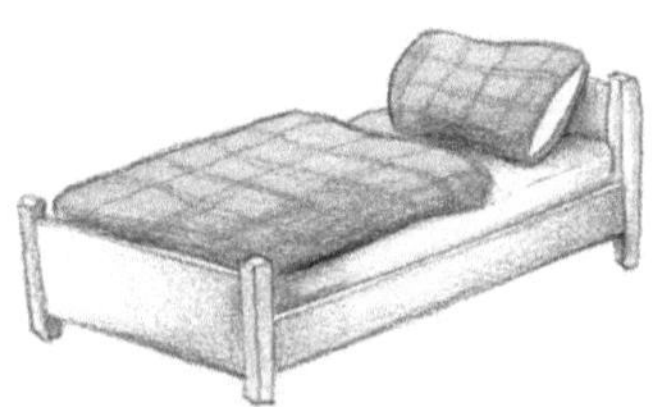

Was bekümmert dich besonders?

Wie reagieren Eltern, Geschwister oder andere Personen auf die Sache mit dem nassen Bett? Was nervt oder bekümmert dich am meisten? Schreibe deine Erfahrungen auf.

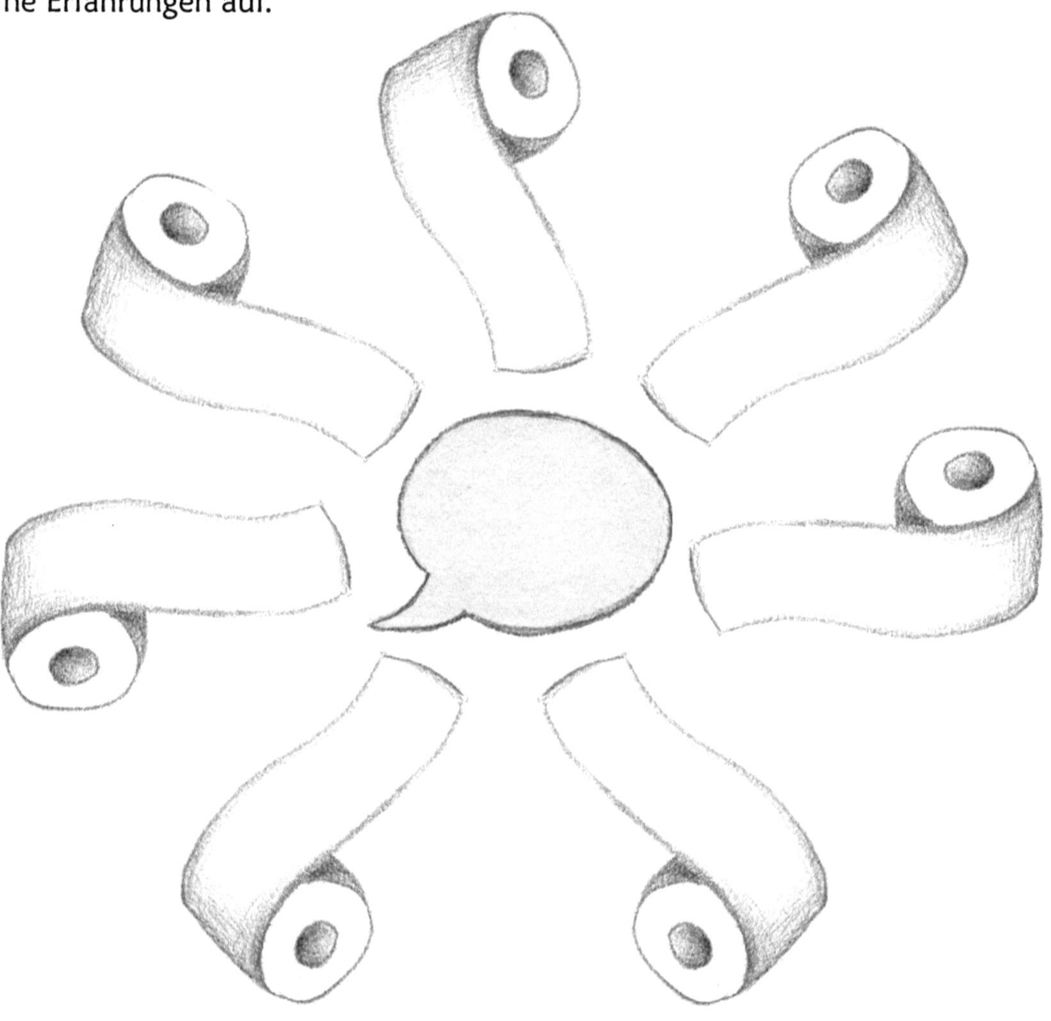

WAS DENKST DU?

Bestimmt hast du dir schon viele Gedanken über die Sache mit dem nassen Bett gemacht. Schreibe den Gedanken, der immer wieder kommt, in die Sprechblase.

Wie oft hast du ein trockenes Bett?

Kopiere diese Seite mehrmals. Dann kreuze jeden Morgen im Kalender an, ob du nachts auf die Toilette gegangen bist oder nicht bzw. ob dein Bett trocken geblieben oder ob dein Bett nass geworden ist.

Woche Nr.				
Montag	○	○	○	○
Dienstag	○	○	○	○
Mittwoch	○	○	○	○
Donnerstag	○	○	○	○
Freitag	○	○	○	○
Samstag	○	○	○	○
Sonntag	○	○	○	○

Was hast du bereits unternommen?

Bestimmt hast du bereits versucht, die Sache mit dem nassen Bett in den Griff zu bekommen. Schreibe zuerst auf, welche Dinge du bereits unternommen hast. Überlege dann, wie gut sie auf einer Skala von 0 bis 10 funktioniert haben und kreuze die entsprechende Zahl an. Zur Erinnerung: Die Zahl 0 steht für „hat gar nicht funktioniert“ und 10 bedeutet „hat sehr gut funktioniert“.

____

0 1 2 3 4 5 6 7 8 9 10

____

0 1 2 3 4 5 6 7 8 9 10

____

0 1 2 3 4 5 6 7 8 9 10

____

0 1 2 3 4 5 6 7 8 9 10

____

0 1 2 3 4 5 6 7 8 9 10

____

0 1 2 3 4 5 6 7 8 9 10

Wie wäre ein trockenes Bett?

Träumst du manchmal von einem wohligen und trockenen Bett? Ja? Was wäre dann alles anders? Was wäre alles besser? Schreibe und oder zeichne deine Gedanken auf.

Welche Hürden sind zu überwinden?

Wenn du dich für ein trockenes Bett entschieden hast, welche Hürden musst du auf dem Weg zum trockenen Bett meistern? Wähle die auf dich zutreffenden Ideen aus und/oder schreibe deine eigenen auf.

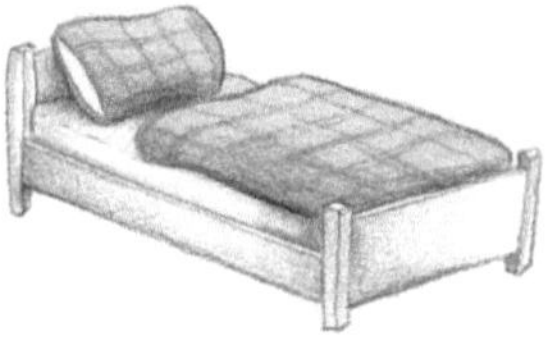

- ○ Bettzeug nachts wechseln
- ○ über das Bettnässen sprechen
- ○ Arztbesuch
- ○ Pipikalender ausfüllen
- ○ Untersuchungen
- ○ über den Körper Bescheid wissen
- ○ Bereitschaft
- ○ Durchhaltevermögen
- ○ Bettzeug waschen
- ○ doofe Bemerkungen wegstecken
- ○ Klingelmatratze
- ○ Klingelhose
- ○ saugstarke wasserdichte Matratzenunterlage
- ○ nachts duschen
- ○ Streit
- ○ Harndrang spüren
- ○ aufwachen
- ○ nachts auf die Toilette gehen
- ○ mit Windelhosen schlafen
- ○ ______________________________
- ○ ______________________________
- ○ ______________________________

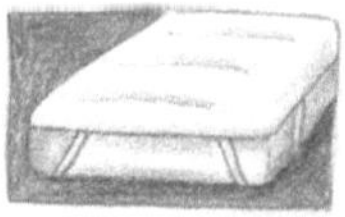

Welche Fähigkeiten könnten dir helfen?

Hast du dich entschieden, die Sache mit dem nassen Bett loszuwerden? Wenn ja, verlass dich unbedingt auf deine Fähigkeiten! Doch zuvor überlege, welche du mitbringst und welche neuen Fähigkeiten günstig wären. Schreibe und zeichne sie auf die Wände im Plumpsklo.

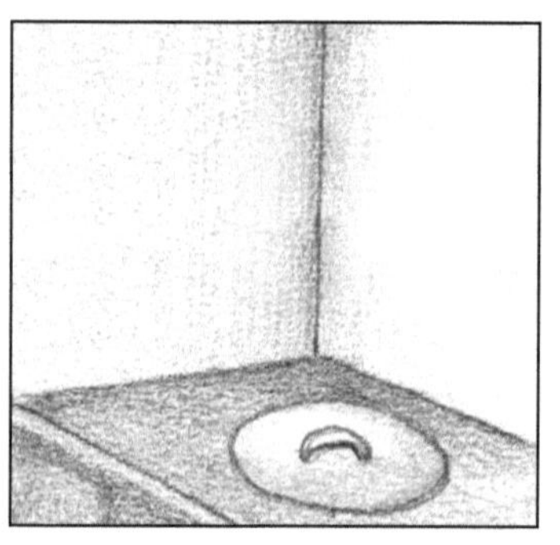

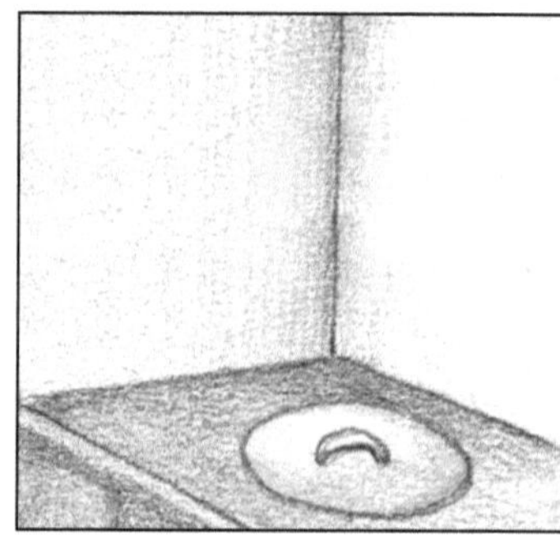

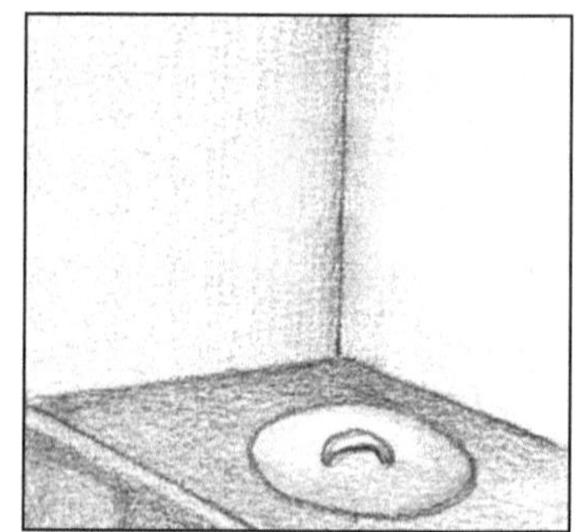

Welche Fähigkeiten anderer könnten dir helfen?

Hast du dir bereits Gedanken darüber gemacht, welche Fähigkeiten anderer für dich nützlich wären? Schreibe deine Wünsche auf die trockenen Matratzen.

Sachinformationen für Eltern

Die Nerven in der Blasenwand signalisieren dem Gehirn, wenn die Blase voll ist. Beim Säugling sendet das Gehirn automatisch einen Befehl an den Schließmuskel der Blase. Dieser entspannt sich, und die Blase entleert sich von alleine.

Mit zunehmendem Alter lernt das Kind, seine volle Blase wahrzunehmen und sie bewusst so lange verschlossen zu halten, bis sich eine passende Gelegenheit zum Wasserlassen bietet. Erst wenn dieser körperliche Reifungsprozess abgeschlossen ist, wird das Kind bei voller Blase nachts wach, anstatt sich schlafend im Bett zu erleichtern.

Die Blase und der Schließmuskel machen in den ersten Lebensjahren eine enorme Entwicklung durch. Ist die Windel des Babys anfangs fast immer nass und führt bereits eine geringfügige Blasenfüllung zur Entleerung, so fasst die Blase bei einem 7-jährigen Kind bereits etwa einen Viertelliter Urin und muss nur ungefähr 5 x pro Tag entleert werden.

Viele Kinder lernen recht schnell, ihre volle Blase wahrzunehmen. Andere wiederum benötigen mehr Unterstützung beim Erkennen der Signale, um angemessen reagieren zu können. Das „antidiuretische Hormon“ (ADH), das in der Hirnanhangdrüse* gebildet wird, spielt eine große Rolle beim nächtlichen Trockenwerden: Denn je mehr ADH produziert wird, umso weniger Urin wird erzeugt.

Doch erst im Alter von drei Jahren stellt der Körper die Blase auf „Nachtbetrieb“ um, indem mehr ADH gebildet wird und nächtliche Toilettengänge die Ausnahme darstellen. Schläft ein Kind nachts trocken durch, dann sind folgende Entwicklungsschritte abgeschlossen:

- Die Blase und der Schließmuskel sind so weit entwickelt, dass relativ große Harnmengen gehalten werden können.
- Das Kind merkt tagsüber, wenn seine Blase voll ist und kann darauf schnell reagieren, indem es auf die Toilette geht.
- Das Kind wacht nachts bei voller Blase auf, um auf die Toilette zu gehen.
- Der Körper produziert ausreichend ADH, welches die Urinproduktion nachts drosselt. Das Kind muss daher nachts gar nicht mehr auf die Toilette gehen.
- Das Kind kann seinen Blasenschließmuskel anspannen bzw. entspannen, um Urin zurückzuhalten oder loszulassen.

Wann spricht man von nächtlichem Einnässen?

Man spricht von einer Enuresis, wenn eine weitgehend vollständige normale Blasenentleerung am falschen Ort zur falschen Zeit ab dem Alter von 5 Jahren auftritt.

Es handelt sich um nächtliches Einnässen, wenn ein Kind bis zum 7. Lebensjahr mindestens zwei Mal innerhalb eines Monats oder ein Kind über 7 Jahre mindestens ein Mal pro Monat ins Bett macht. Typisch hierfür sind einerseits die großen Urinmengen, die Schlafanzug und Bettlaken triefend nass machen, und andererseits die schwere Erweckbarkeit – trotz Rütteln und Ansprache – des Kindes.

Körperliche Grunderkrankungen wie Fehlbildungen oder Entzündungen des Harntraktes, Störung der Innervation* der Blase oder andere medizinische Erkrankungen (z.B. Diabetes*) sollten unbedingt ausgeschlossen werden.

Die körperlichen Grunderkrankungen führen dazu, dass die betroffenen Kinder zumeist auch untertags einnässen.

Welche Erscheinungsformen des nächtlichen Einnässens gibt es?

Das nächtliche Einnässen kann grob in drei Formen unterschieden werden, wobei sich je nach Erscheinungsbild spezifische Behandlungsmöglichkeiten bewährt haben.

- **Primäre monosymptomatische Enuresis:** War das Kind noch nie über einen längeren Zeitraum trocken, nennt man das „primäre Enuresis“. Monosymptomatisch bedeutet, dass es nur ein Symptom gibt, nämlich das nächtliche Einnässen. Tagsüber zeigen sich beim Wasserlassen keinerlei Auffälligkeiten. Die Kinder gehen normal häufig zur Toilette (ideal 7 x, noch normal 5 bis 9 x pro Tag), die Urinmengen sind dem Alter entsprechend und das Wasserlassen erfolgt in einem Strahl. Die betroffenen Kinder weisen eine besonders niedrige Rate von begleitenden psychischen Störungen auf. Diese Form ist sehr häufig, weil das Einnässen willentlich nicht beeinflussbar ist. Als Ursache ist am ehesten von einer Reifungsverzögerung der Regulationsvorgänge des Kindes auszugehen. Häufig reichen ausreichendes Wissen um Entstehung, Therapiemöglichkeiten und das Erlernen eines günstigen Umgangs damit aus, um den Leidensdruck zu verkleinern und ein schnelleres Trockenwerden zu begünstigen.
- **Sekundäre Enuresis:** Hier kommt es nach einer trockenen Phase von einigen Monaten erneut zum nächtlichen Einnässen. Diese Kinder haben ein erhöhtes Risiko für eine begleitende psychische Auffälligkeit, das etwa 75% ausmacht. Daher werden im An-

schluss an eine klinisch-psychologische Diagnostik eine Psychotherapie bzw. psychologische Behandlung sowie eine fachärztliche Begleitung durch eine/n Kinder- und JugendpsychiaterIn empfohlen.

- **Nicht monosymptomatische Enuresis:** Bei dieser Form gibt es zusätzliche Besonderheiten beim Wasserlassen untertags. Diese können – müssen aber nicht – zu einer Harninkontinenz untertags führen. Bevor versucht wird, das nächtliche Einnässen in den Griff zu bekommen, müssen unbedingt die Symptome untertags erkannt und behandelt werden. Nässt das Kind auch untertags ein oder werden weitere Auffälligkeiten im Zusammenhang mit dem Wasserlassen am Tag beobachtet, ist eine medizinische Abklärung und Behandlung unabdingbar.

In der Literatur finden sich die Begriffe „Einnässen“, „Harninkontinenz“ und „Enuresis“, welche leider nicht einheitlich definiert sind. Tendenziell ist jedoch mit „Enuresis“ das nächtliche Einnässen gemeint und die Bezeichnung „Enuresis diurna“* – Einnässen untertags – wurde vom Begriff „funktionelle Harninkontinenz“ abgelöst.

Welche Formen der funktionellen Harninkontinenz gibt es?

Es sind drei häufigere und drei seltene Formen des unwillkürlichen Harnabgangs untertags bekannt. Oftmals wird bereits durch ein ausführliches Gespräch mit einem Arzt/einer Ärztin (z.B. Kinder- und JugendfachärztIn, Kinder- und JugendpsychiaterIn) deutlicher, um welche Erscheinungsform es sich wahrscheinlich handelt.

Die drei häufigeren Arten sind:

- die Dranginkontinenz
- die Harninkontinenz bei Miktionsaufschub
- die Harninkontinenz bei Detrusor-Sphinkter-Dyskoordination

Bei der **Dranginkontinenz** haben die Kinder einen überstarken Harndrang, sie müssen sehr häufig, zum Teil alle 15 Minuten, zur Toilette, können dann aber nur kleine Urinmengen absetzen. Insbesondere am Nachmittag kommt es dann auch zum ungewollten Harnabgang. Die Kinder versuchen, diesem Harndrang mit Haltemanövern zu begegnen. Sie pressen die Oberschenkel zusammen, hocken sich hin, hüpfen von einem Bein auf das andere oder setzen sich auf die Fersen. Indem die Unterhose häufig feucht ist, kann sich die Haut im Genitalbereich entzünden und rot sein. Dies führt manchmal zu aufsteigenden Harnwegsinfektionen. Mädchen sind davon häufiger betroffen als Jungen. Die Annahme ist, dass es sich bei der Dranginkontinenz um eine angeborene Funktionsstörung der Blase handelt. Dabei zieht sich die Muskulatur der Blase zusammen, bevor sich die Blase ausreichend gefüllt hat. Daher ist die Blasenkapazität bei betroffenen Kindern geringer und der Drang, Wasser zu lassen, intensiver. Manchmal wird in diesem Zusammenhang fälschlicherweise von einer „zu kleinen Blase" gesprochen, obwohl nicht die Blasengröße, sondern die sich zusammenziehende Muskulatur das Problem ist.

Die **Harninkontinenz bei Miktionsaufschub** entsteht aus der Angewohnheit, den Toilettengang möglichst lange hinauszuzögern. Die Kinder gehen sehr selten, meist weniger als fünf Mal pro Tag, auf die Toilette. Die Hose wird häufig in Situationen nass, in denen sie das Gefühl haben, etwas zu verpassen, z.B. beim (Computer-)Spielen, beim Fernsehen oder in der Schule. Auch hier versuchen die Kinder, wie bei der Dranginkontinenz, den Harn durch sogenannte Haltemanöver zu unterdrücken, wenn die Blase übervoll ist. Auffallend ist, dass Kinder mit diesem Problem auch häufig Verstopfung haben.

Die **Detrusor-Sphinkter-Dyskoordination**, auch **Detrusor-Sphinkter-Instabilität** genannt, ist durch Startschwierigkeiten beim Urinieren gekennzeichnet. Die Kinder müssen pressen, damit der Harn kommt. Dadurch ist der Harnstrahl unterbrochen und der Urin kommt portionsweise. Die Blase kann nicht immer vollständig entleert werden. Aufgrund des erhöhten Drucks wird der Harn in manchen Fällen von der Blase rückwärts in die Harnleiter gepresst und ernsthafte Entzündungen der Nieren können ohne medizinische Behandlung die Folge sein. Beim Wasserlassen sind der Blasenschließmuskel („Sphinkter") und der Entspannungsmuskel („Detrusor") aufeinander abgestimmt, damit der Harn problemlos aus der Blase entleert werden kann. Der Fachbegriff **Detrusor-Sphinkter-Dyskoordination** weist auf die angenommene Ursache – ein gestörtes Zusammenspiel dieser Muskeln – hin. Ein Training mit Fachleuten hilft, ein entspanntes Wasserlassen wieder zu erlernen.

Drei seltene Formen der funktionellen Harninkontinenz sind:

- die Stressinkontinenz
- die Lachinkontinenz
- das Lazy-Bladder-Syndrom

Bei der **Stressinkontinenz** nässen die Kinder beim Husten oder Niesen infolge der Druckerhöhung im Bauchraum geringe Mengen ein. Ursächlich hierfür dürfte ein undichter Schließmuskel sein. Im Kindesalter ist diese Form der Harninkontinenz äußerst selten, während sie bei erwachsenen Frauen mit Beckenbodenschwäche häufig vorkommt.

Im Falle der **Lachinkontinenz** führt das Lachen zu einer kompletten Blasenentleerung, welche durch einen Reflex ausgelöst wird. Bei dieser genetisch vererbten Störung wird die Unterhose meist klitschnass.

Eine extreme Form der Harninkontinenz mit Miktionsaufschub ist das **Lazy-Bladder-Syndrom**. Die Blase ist so ausgeleiert, dass sie eine komplette Entleerung nicht mehr alleine schafft. Daher muss das Kind den Bauch zusammenpressen, um die Blase wie eine Zitrone auszupressen. Von daher rührt die Bezeichnung „Syndrom der faulen Blase“. Des Weiteren ist der Harnstrahl unterbrochen und die Kinder urinieren portionsweise.

In den Tabellen sind die wichtigsten Informationen zu den häufigsten Formen des Einnässens am Tag und in der Nacht zusammengefasst:

Häufige Formen – Enuresis				
Form	Jemals trocken?	Symptome untertags	Ursachen	Therapieschwerpunkt
Primäre monosymptomatische Enuresis	Nein	Nein	verzögerte Reifung	Aufklärung; eventuell medikamentöse Unterstützung
Primäre nicht monosymptomatische Enuresis	Nein	Ja	Blasenfunktionsstörung	Medizinische Behandlung
Sekundäre Enuresis	Ja/mindestens 6 Monate	Ja/nein	psychische Ursachen	Psychotherapeutische Behandlung

Häufige Formen – funktionelle Harninkontinenz				
Form	Miktion	Symptome	Ursachen	Komplikationen
Dranginkontinenz	häufig > 7 x pro Tag, kleine Mengen	übermäßiger Harndrang, Harnverhalten	angeboren; mangelnde Blasendehnung	Harnwegsinfekte
Miktionsaufschub	selten < 5 x pro Tag, große Mengen	Harnverhalten bei voller Blase	erworben; Rauszögern der Miktion	Verstopfung bis Einkoten
Detrusor-Sphinkter-Dyskoordination	Harnfluss unterbrochen	Pressen zu Beginn und während des Wasserlassen	Blasenschließmuskel verkrampft	Nierenschädigung

Absichtliches Ins-Bett- oder In-die-Unterhose-Machen wird nicht als Inkontinenz bezeichnet. Hierbei handelt es sich zumeist um eine sogenannte oppositionelle Verhaltensstörung des Kindes. Damit ist ein übermäßig trotziges und widerspenstiges Verhalten gemeint, das über die Trotzphase hinausreicht.

Ist nächtliches Einnässen eine Krankheit?

Die Weltgesundheitsorganisation (WHO) hat vorgeschlagen, Enuresis nicht mehr als Befindlichkeitsstörung, sondern als behandlungsbedürftige Krankheit einzustufen. Das kann ein wichtiger Schritt in Richtung Aufklärung und Behandlung statt Tabuisierung und Ignoranz sein.

Wie viele Kinder sind betroffen?

Enuresis tritt sehr häufig auf. 16% der 5-jährigen Kinder nässen ein. Somit ist das Bettnässen – nach Asthma* bronchiale – die zweithäufigste chronische Erkrankung im Kindesalter. Die gute Nachricht ist: Jährlich werden 13% der betroffenen Kinder ohne medizinische Hilfe trocken, allerdings nässen auch 2,5% der 10-Jährigen noch ein. Enuresis kommt zwei- bis dreimal häufiger als funktionelle Harninkontinenz vor. Jungen sind doppelt so häufig von Bettnässen betroffen wie Mädchen.

Welche Ursachen sind bekannt?

Enuresis wird durch das Zusammenspiel von verschiedenen Faktoren bedingt. Folgende sind mittlerweile bekannt:

- Vererbung
- Regulationsstörung des zentralen Nervensystems*
- mangelnder Anstieg des antidiuretischen Hormons (ADH) in der Nacht
- psychosoziale Faktoren
- ungünstige Trinkgewohnheiten
- motorische Entwicklungsunreife

Ursache: Vererbung

Die Vererbung ist bei primärer und sekundärer Enuresis die häufigste Ursache. Sie führt bei primärer Enuresis dazu, dass bestimmte Kinder viel später trocken werden als Gleichaltrige. Haben mindestens zwei nahe Verwandte als Kind eingenässt, dann verzögert sich die Sauberkeitsentwicklung um 1,5 Jahre. Ebenso werden Kinder mit sekundärer Enuresis verzögert trocken und sind zugleich anfälliger, später erneut einzunässen. Eltern sollten wissen, ob sie selbst BettnässerInnen waren. Denn das Risiko für Enuresis beträgt 44%, wenn ein Elternteil eingenässt hat, und 77%, wenn beide Elternteile eingenässt haben.

Ursache: Aufwachstörung

Viele Eltern berichten, dass sie ihre Kinder nachts nur sehr schwer aufwecken können. Entgegen früherer Annahmen haben Untersuchungen im Schlaflabor bewiesen, dass betroffene Kinder nicht tiefer, sondern sogar weniger tief als beschwerdefreie Kinder schlafen. Die Aufwachstörung – ein anderer Begriff ist Arousal-Dysfunktion – wird als zentrale Regulationsstörung zwischen Wach- und Schlafzentrum des Gehirns verstanden. Sie gilt nicht als Krankheit, sondern als Entwicklungsunreife.

Ursache: Unzureichende Unterdrückung des Blasenentleerungsreflexes

Der Blasenentleerungsreflex führt beim Säugling dazu, dass die volle Blase automatisch komplett entleert wird. Kinder können erst ab dem 3. bis 4. Lebensjahr den Blasenentleerungsreflex auch nachts unterdrücken.

Ursache: Mangelnder Anstieg von ADH in der Nacht

Das antidiuretische Hormon (ADH) trägt dazu bei, die Blase auf Nachtproduktion einzustellen, indem es der Niere hilft, nachts den Harn zu konzentrieren. Je mehr ADH in der Hirnanhangdrüse erzeugt wird, desto weniger Urin wird gebildet. Üblicherweise wird untertags weniger ADH ausgeschüttet als nachts. Bei bettnässenden Kindern steigt die ADH-Produktion häufig zu wenig an, sodass sie unweigerlich einnässen, sofern sie nicht aufwachen oder aufgeweckt werden.

Ursache: Psychosoziale Faktoren

Belastende Lebensereignisse können einem neuerlichen nächtlichen Einnässen – also einer sekundären Enuresis – vorausgehen und es somit auslösen. Dazu zählen z.B. Trennung, Scheidung, Geburt eines Geschwisterkindes, Tod eines nahen Angehörigen, Konflikte in der Familie oder Probleme in der Schule. Des Weiteren tritt bei Kindern mit einer hyperkinetischen Störung* eine primäre Enuresis gehäuft auf, da die Reizverarbeitung im Gehirn gestört ist. Dadurch können nicht alle ankommenden Reize – dazu gehören auch die Reize von Blase und Darm – angemessen verarbeitet werden.

Ursache: Ungünstige Trinkgewohnheiten

Kinder sollen ungefähr 75% der erforderlichen Trinkmenge bis 17 Uhr getrunken haben. Ein Schulkind benötigt etwas mehr als einen Liter. In den frühen Abendstunden soll die Trinkmenge gering gehalten werden. Daher ist besonders bei Kindern, die sich untertags zu wenig Zeit zum Trinken nehmen, auf ausreichende Flüssigkeitsaufnahme zu achten. Auf koffeinhaltige Getränke ist unbedingt zu verzichten, da Koffein das atriale natriuretische Hormon ansteigen lässt, welches wiederum eine vermehrte Urinproduktion zur Folge hat.

Ursache: Motorische Entwicklungsunreife

Etwa ein Drittel der nachts einnässenden Kinder weist Schwächen in der Hand- und Fingerkoordination auf, welche den Eltern im Alltag nicht auffallen und durch eine/n ErgotherapeutIn festgestellt werden können.

Wann und wozu soll ein Arzt/eine Ärztin aufgesucht werden?

Bettnässende Kinder mit Symptomen tagsüber sollen auf jeden Fall medizinisch untersucht werden, um körperliche Ursachen rechtzeitig zu erkennen und behandeln zu können. Bei der primären monosymptomatischen Enuresis ist ein längeres Abwarten möglich, da ein Teil der Kinder ohne medizinische Hilfe trocken wird. Doch je früher eine Behandlung erfolgt, desto besser stehen die Chancen für einen raschen und nachhaltigen Therapieerfolg. Ist das Kind fünf Jahre oder älter und wird Enuresis als belastend empfunden, soll frühestmöglich ein Arztbesuch stattfinden.

Wie können sich Eltern darauf vorbereiten?

Eltern können die Wartezeit auf den Termin nutzen, indem sie sich und das Kind bestmöglich darauf vorbereiten. Dazu gehört:

- den Vorstellungsgrund bei Terminvereinbarung angeben und sich nach auszufüllenden Fragebögen und Protokollen erkundigen
- das Kind über den Arzttermin informieren und ihm erklären, worauf es sich einstellen kann
- sich erkundigen, ob es im Familien- und/oder Verwandtschaftskreis von Einnässen betroffene Personen gibt
- die Meilensteine der Entwicklung aufschreiben (Motorik, Sprache, Toilettenfertigkeiten)
- Schwierigkeiten des Kindes beim Wasserlassen, Schlafsituation und psychische Auffälligkeiten ins Gedächtnis rufen
- sich an bereits durchgeführte Behandlungen erinnern
- bei Medikamentengabe den Namen und die Dosierung kennen

Zum Arzttermin sind dann Vorbefunde, die vom Arzt/von der Ärztin zugesandten und ausgefüllten Fragebögen sowie der Mutter-Kind-Pass/das Untersuchungsheft mitzunehmen.

Was geschieht beim Arzt/bei der Ärztin?

Eine diagnostische Abklärung ist bei Enuresis vor Therapiebeginn unerlässlich. Die vorab ausgefüllten Fragebögen helfen, das Problem genauer zu beschreiben und mögliche Muster zu erkennen. Die Basisdiagnostik setzt sich aus folgenden Teilen zusammen:

1. Krankheitsgeschichte
2. Blasentagebuch*
3. körperliche Untersuchung
4. Urinuntersuchung
5. Ultraschalluntersuchung

Die Untersuchungen sind ungefährlich und schmerzlos. Für die Basisdiagnostik sind zumeist zwei bis drei Arzttermine ausreichend. Weitere Untersuchungen werden veranlasst, wenn andere Krankheitsursachen vermutet werden oder es Hinweise auf eine Tagessymptomatik gibt. Zuvor jedoch benötigt der Arzt/die Ärztin viele Informationen, die im Gespräch erfragt werden.

Teil 1: Krankheitsgeschichte erfragen

Je nach Alter und Symptomatik wird auch das Kind einbezogen. Die Fragen zur Krankheitsgeschichte umfassen bestimmte Aspekte und können folgendermaßen lauten:

Unterscheidung primäre/sekundäre Enuresis	
War das Kind schon jemals ganz trocken? Wenn ja, wie lange?	
Welche Toilettenfertigkeiten beherrscht das Kind?	
Gab es Zeiten, in denen das Kind in seiner Sauberkeitsentwicklung Rückschritte machte?	
Dauert das nächtliche Einnässen kürzer oder länger als drei Monate an?	

Symptomatik untertags	
Nässt das Kind auch untertags ein, oder ist die Unterhose manchmal feucht?	
Geht es weniger als 5 x pro Tag oder öfters als 7 x pro Tag zur Toilette?	
Gibt es Auffälligkeiten vor oder während des Wasserlassens?	
Presst das Kind beim Pieseln?	
Pieselt das Kind in einem kräftigen Strahl?	
Pieselt das Kind mit Unterbrechungen?	
Pieselt das Kind sturzbachartig?	
Pieselt das Kind überwiegend in letzter Sekunde?	
Pieselt das Kind oft?	
Pieselt das Kind selten?	
Pieselt das Kind in Ruhe oder nimmt es sich zu wenig Zeit dafür?	
Schiebt das Kind das Pieseln in bestimmten Situationen auf?	
Empfindet das Kind das Pieseln als unangenehm?	
Empfindet das Kind das Pieseln als schmerzhaft?	
Riecht der Urin komisch oder sieht er komisch aus?	

Symptomatik nachts	
Wie häufig nässt das Kind nachts ein?	
Wie groß oder gering ist die Einnässmenge?	
Wird das Bettzeug nass oder nur feucht?	
Wird das Bettzeug immer gleich viel nass oder feucht?	
Geht das Kind manchmal auf die Toilette?	
Wie oft geht das Kind nachts auf die Toilette?	

Hinweise auf Aufwachstörungen	
Wacht das Kind durch das nasse Bett auf?	
Wie leicht/schwer ist das Kind nachts aufweckbar?	
Wird das Kind beim Aufwecken richtig wach?	
Hinweise auf erbliche Ursachen	
Hat ein Elternteil oder ein Geschwisterkind früher nachts eingenässt?	
Gibt es nahe/entfernte Verwandte, die als Kind nachts eingenässt haben?	
Haben beide Elternteile als Kind nachts eingenässt?	
Trinkverhalten	
Wie viel trinkt das Kind pro Tag?	
Welche Getränke trinkt das Kind?	
Zu welcher Tageszeit werden die größten Trinkmengen aufgenommen?	
Hinweise auf Entwicklungsstörungen	
Welche Auffälligkeiten gab es in der Schwangerschaft?	
Welche Auffälligkeiten gab es bei der Geburt?	
Wie altersadäquat ist die frühkindliche Entwicklung (Sprache, Bewegung, soziale Entwicklung) verlaufen?	
Welche Therapien zur Förderung der Entwicklung (z.B. Logopädie, Ergotherapie) wurden benötigt?	
Hinweise auf Zusatzerkrankungen	
Hat das Kind regelmäßigen Stuhlgang?	
Kotet das Kind ein?	
Hatte es jemals Harnwegsinfekte?	
Bestehen psychische Auffälligkeiten, ist es z.B. sehr bockig, kann sich schwer konzentrieren oder wirkt es oft unglücklich?	
Hat das Kind eine andere Erkrankung?	

Belastende Lebenssituation	
Gibt es Belastungen in der Familie (z.B. Streit, Scheidung, Trennung, Tod, psychische Erkrankung eines Familienmitgliedes, Kriminalität, Misshandlung, Geldsorgen)?	
Sind Belastungen in der Gleichaltrigengruppe (Freunde, Schule, Verein) bekannt?	
Erklärungen und Auswirkungen	
Was glauben Sie, weshalb das Kind von nächtlichem Einnässen betroffen ist?	
Wie reagieren die Familienmitglieder auf das nächtliche Einnässen?	
Wird das Kind geschimpft oder bestraft, wenn das Bett nachts nass ist?	
Problembelastung	
Wer weiß über das nächtliche Einnässen Bescheid?	
Wen stört das Bettnässen am meisten?	
Weshalb stört es jene Person am meisten?	
Wie stark belastet das nächtliche Einnässen die Eltern, das Kind, die Geschwister?	
Wie wichtig ist es dem Kind, den Eltern, anderen, das nächtliche Einnässen loszuwerden?	
Bisherige Maßnahmen	
Wurden bereits ÄrztInnen, PsychotherapeutInnen oder PsychologInnen wegen dem nächtlichen Einnässen hinzugezogen?	
Welche Maßnahmen wurden bereits erprobt?	
Was hat geholfen?	
Was hat die Familie bereits unternommen, damit das Bett nachts trocken bleibt?	

Teil 2: Blasentagebuch erklären und führen lassen

Im Anschluss an die Fragen zur Krankheitsgeschichte wird die Führung eines Blasentagebuchs vorgeschlagen. Die gezielte Beobachtung und Dokumentation liefert neue Informationen.

Das Blasentagebuch soll mindestens 48 Stunden geführt werden. Zwei Tage, an denen das Kind nicht in den Kindergarten oder die Schule geht, oder ein Wochenende eignen sich hierfür am besten. Im Blasentagebuch wird jedes Wasserlassen – inklusive Urinmenge – sowie Einnässen protokolliert. Notwendig ist, dass das Kind in einen Topf oder Messbecher uriniert. Trägt das Kind noch eine Windel, dann sollte die ungefähre Menge mit Hilfe der Küchenwaage errechnet werden. Ist die Windel ein Gramm schwer, entspricht dies ungefähr einem Milliliter Urin. Die Urinmenge und die Uhrzeit werden im Blasentagebuch notiert, ebenso:

- Zeitpunkt der Flüssigkeitsaufnahme
- Trinkmenge
- Art des Getränks
- Zeitpunkt des morgendlichen Aufstehens
- Zeitpunkt des Zubettgehens
- Stuhlgänge

Des Weiteren wird empfohlen, im Anschluss für die Dauer von zehn Nächten ein Protokoll über die Blasenentleerung zu führen. Hierfür sind diese Angaben relevant:

- Häufigkeit der Toilettengänge
- Häufigkeit des nächtlichen Einnässens
- Urinmenge (klitschnasses oder feuchtes Bett)

Teil 3: Körperliche Untersuchung durchführen

Die körperliche Untersuchung setzt sich aus folgenden vier Untersuchungen zusammen:

- Tastuntersuchung des Bauches
- Untersuchung des Rückens
- Inspektion des Scham- und Darmausgangsbereichs
- Überprüfung der Reflexe und neurologische* Untersuchung

Bei der Tastuntersuchung des Bauches kann eine pralle Blase oder ein stuhlgefüllter Darm spürbar sein. Die Untersuchung des Rückens dient dazu, Veränderungen in diesem Bereich (z.B. einen nicht geschlossenen Wirbelkanal) zu ertasten. Ein Blick in die Unterhose hilft, Veränderungen im äußeren Genitalbereich (z.B. Vorhautverengung, Fehlmündung der Harnröhre, Rötungen als Entzündungszeichen) zu erkennen. Die neurologische Untersuchung zielt darauf ab, Hinweise auf eine nervlich bedingte Blasenfunktionsstörung zu erkennen und durch die Überprüfung von Motorik, Feinmotorik, Gleichgewicht und Koordination eine mögliche Reifungsverzögerung festzustellen.

Teil 4: Urin untersuchen

Für die Urinuntersuchung ist lediglich eine kleine Menge Harn erforderlich. Das Kind soll sich alleine oder mit Hilfe der Eltern gut im Harnröhrenbereich reinigen, damit das Ergebnis nicht durch Verunreinigungen verfälscht wird. Im Anschluss wird es angeleitet, ein wenig in die Toilette zu urinieren und erst dann in den Untersuchungsbecher zu machen. Ein in die Urinprobe getauchter Teststreifen gibt dem Arzt/der Ärztin Auskunft über die Harnkonzentration, Entzündungen der Blase sowie darüber, ob sich Spuren von Blut im Harn befinden.

Teil 5: Ultraschalluntersuchung

Bei der Ultraschalluntersuchung fährt der Arzt/die Ärztin mit einem Schallkopf, der mit einem kühlen Gel (dieses kann auf Wunsch vor dem Auftragen erwärmt werden) benetzt wird, mit etwas Druck über den Bauch des Kindes. So werden Veränderungen der Nieren, der Blase und anderer Organe direkt sichtbar. Des Weiteren kann festgestellt werden, ob die Blase beim Wasserlassen vollständig entleert wird oder ob Restharn zurückbleibt. Außerdem kann der Arzt/die Ärztin anhand des Ultraschalls dem Kind die Form und Lage der Nieren und der Blase erklären und zu einem besseren Verständnis für den Körper beitragen.

Nach der umfassenden ärztlichen Abklärung soll Klarheit über die Form des Einnässens und die Behandlungsmöglichkeiten bestehen.

Fragen an den Arzt/die Ärztin:

Welches Behandlungsziel wird angestrebt?

Das Behandlungsziel ist laut der deutschen Gesellschaft für Urologie (DGU) erreicht, wenn das Kind weniger als zwei nasse Nächte pro Monat hat. Oft stellt es bereits eine erhebliche Entlastung für die Familie dar, wenn es infolge der Behandlung deutlich mehr trockene Nächte als zuvor gibt oder wenn Eltern und Kind einen Weg gefunden haben, mit der Enuresis klarzukommen.

Welche Behandlungsmöglichkeiten gibt es?

Jede Therapie hat ihre Vor- und Nachteile. Deshalb soll darauf geachtet werden, welche für die Familie am besten geeignet erscheint. Einige Behandlungsmöglichkeiten beanspruchen viel Zeit und können als anstrengend empfunden werden, wie z.B. die Alarmtherapie.

Nachfolgend werden jene Therapien vorgestellt, die sich ausschließlich bei nächtlichem Einnässen ohne Tagessymptomatik (d.h. monosymptomatische Formen der primären und sekundären Enuresis) eignen. Es handelt sich um diese Interventionen:

- Basistherapie*
- Alarmtherapie
- Medikamentöse Behandlung
- Psychotherapie
- Psychologische Beratung und Behandlung
- Laserakupunktur
- Hypnotherapie
- Homöopathie
- Ergotherapie
- Physiotherapie
- Osteopathie
- Pädagogische Praxis für Kindesentwicklung (PäPKI)

Intervention: Basistherapie

Im Anschluss an die Basisdiagnostik wird ein Zeitraum von vier Wochen eingeplant, der dem Motivationsaufbau sowie der gezielten Beratung von Eltern und Kind dient. Diese Phase beinhaltet auch die Führung eines sogenannten „Trocken-Nass-Kalenders“ (siehe Seite 46), der auch als „Sonne-Wolken-Kalender“ bekannt ist.

In diesem wird täglich nach dem Aufstehen festgehalten – z.B. durch Ankreuzen oder Malen –, ob das Bett trocken war oder nass. Die Sonne steht für ein trockenes Bett, die Wolke für Einnässen. Ging das Kind nachts spontan auf die Toilette, ist das zusätzlich zu notieren.

Die Dokumentation leitet das Kind an, die Aufmerksamkeit auf seinen Körper zu richten. Die Wirksamkeit dieser verhaltenstherapeutisch orientierten Methode ist belegt. Verstärkt werden kann sie durch Belohnungspläne*, die sich durch erreichbare Ziele auszeichnen sollen.

Mit dem Kind vereinbarte Weckzeiten können zusätzlich zu trockenen Nächten verhelfen. Der Zeitraum der Kalenderführung ist bei ausbleibendem Erfolg zur Vermeidung unnötiger Frustration unbedingt zu verkürzen.

Intervention: Alarmtherapie

Die Alarmtherapie ist eine häufig angewandte und erfolgreiche Methode bei Enuresis. Wird die Klingeltherapie mit anderen Maßnahmen kombiniert, z.B. Medikamenten oder Belohnungsplänen, steigt die Erfolgsquote.

Tragbare Geräte (Klingelhosen) und Bettgeräte (Klingelmatten) finden bei der Alarmtherapie Verwendung. Sie bestehen aus einem Feuchtigkeitsfühler, der in der Unterhose, der Windel oder der Matratzenauflage befestigt ist. Beim ersten Tropfen Flüssigkeit wird ein Signal ausgelöst. Idealerweise verfügt der behandelnde Arzt/die behandelnde Ärztin über ein jeweiliges Demonstrationsgerät.

Die Geräte müssen über die Dauer von sechs bis zehn Wochen, allerhöchstens 16 Wochen, jede Nacht eingesetzt werden. Dies verlangt von Eltern und Kind eine hohe Einsatzbereitschaft und viel Durchhaltevermögen. Vor Beginn der Alarmtherapie sollen folgende Fragen geklärt sein:

- Welcher Elternteil wird nachts aufstehen, um das Kind zu wecken und zur Toilette zu führen?
- Wie kann das Signal im Schlafzimmer der Eltern gehört werden, ohne andere Familienmitglieder zu stören? (Es gibt dafür spezielle Funkgeräte, die erst bei den Eltern und später beim Kind platziert werden können.)
- Was macht wer und in welcher Reihenfolge nach dem Ertönen des Signals? (z.B. Reinigung der nassen Sachen, Bettwäsche wechseln, Reinigung und Aktivierung des Sensors)

Der Therapiefortschritt ist für Eltern und Kind nachvollziehbar, da er zumeist in **4 Phasen** verläuft:

- **Phase 1:** Das Kind schläft und nässt große Mengen ein.

Anfangs wird es vom Signal häufig noch nicht wach und nässt ein. Ein Elternteil muss daher die Aufgabe übernehmen, das Kind vollständig zu wecken, zur Toilette zu begleiten sowie Kind und Bett trocken zu machen. Nur wenn das Kind wirklich wach geworden ist, kann es sich morgens an den Toilettengang erinnern.

- **Phase 2:** Das Kind wacht besser auf.

Mit dem Aufwachen klappt es zunehmend besser, das Kind nässt weniger ein, da es den größeren Teil des Blaseninhaltes auf der Toilette absetzt.

- **Phase 3:** Das Kind wacht beim Einnässen auf.

Mittlerweile wacht das Kind bereits auf, wenn nur einige Tropfen auf dem Sensor gelandet sind, und geht zur Toilette.

- **Phase 4:** Das Kind wacht bei Harndrang auf.

Bei starkem Harndrang wird das Kind munter anstatt einzunässen. Es geht selbstständig auf die Toilette oder schläft trocken durch.

Nässt das Kind mehrmals pro Nacht ein, sollte eine ein- bis zweimalige Aktivierung des Alarmgerätes in Erwägung gezogen werden, um häufiges Wecken und Übermüdung am nächsten Tag zu vermeiden. Schlafstörungen, Leistungsdruck und familiärer Stress können negative Effekte der Alarmtherapie sein.

Intervention: Medikamentöse Behandlung

Eine medikamentöse Behandlung mit Desmopressin – einem dem körpereigenen antidiuretischen Hormon (ADH) ähnlichen Wirkstoff – sorgt für eine geringere Urinproduktion nachts. Besonders verlässlich wirkt es bei der monosymptomatischen Enuresis, vor allem bei familiärer Häufung und bei sehr großen ins Bett abgesetzten Urinmengen.

Bei raschem Absetzen des Medikaments ist die Rückfallquote sehr hoch. An sich ist Desmopressin richtig angewendet eine Substanz mit geringen unerwünschten Nebenwirkungen. Bei falscher Einnahme, insbesondere Überdosierung und Vernachlässigung der Einnahmeempfehlungen, ist eine Überwässerung und ein Mangel an Kochsalz* im Blut möglich. Dies kann zu Übelkeit, Kopfschmerzen, Schwindel und epileptischen Krämpfen führen. Desmopressin sollte daher immer direkt vor dem Zubettgehen – auf der Bettkante – eingenommen werden und danach nicht mehr oder maximal ein kleines Glas Wasser getrunken werden. Trinkt das Kind infolge von Durchfall oder Fieber mehr, soll mit der Einnahme von Desmopressin pausiert werden. Neuerdings gibt es Vorgaben zur Einnahme, die eine Aufbauphase, Erhaltungsphase und eine langfristige Ausschleichphase beinhalten, welche die Rückfallquoten deutlich senken.

Die medikamentöse Behandlung kann durchgeführt werden, wenn:

- ein Kind kurzfristig und rasch trocken werden sollte (z.B. vor Schulausflügen)
- andere Therapien bei Jugendlichen zuvor nicht die erwünschte Wirkung zeigten
- schwierige Familienkonstellationen vorliegen, die eine aufwendige Behandlung verhindern und eine kurzfristige Trockenheit zur Entlastung aller erwünscht ist
- pharmakologische Methoden mit nicht-pharmakologischen Methoden kombiniert werden (z.B. Basistherapie, Psychotherapie)

Intervention: Psychotherapie

PsychotherapeutInnen bringen gemäß ihrer fachlichen Ausrichtung unterschiedliche Haltungen und Methoden ein. In der Systemischen Familientherapie werden KlientInnen unterstützt, den Einfluss des nächtlichen Einnässens auf Beziehungen – und umgekehrt – wahrzunehmen und ihren Möglichkeiten entsprechend zu verändern.

Intervention: Psychologische Beratung und Behandlung

Betroffene und ihre Angehörigen werden im Anschluss an die Erhebung der Krankheitsgeschichte bei der Orientierungs- und Entscheidungshilfe im Erkennen sowie im Umgang mit Enuresis unterstützt. Zusätzlich geben PsychologInnen individuelle Tipps. Auch helfen sie, psychosoziale Folgeprobleme anzusprechen und zu lösen.

Intervention: Laserakupunktur

Die Laserakupunktur ist eine schmerzfreie Akupunkturmethode. Laut einer österreichischen Studie mit geringen Patientenzahlen, welche zuvor schulmedizinisch behandelt wurden, verbesserte sich die Symptomatik: Nach 12 Sitzungen hatte sich die Enuresis-Frequenz für 66% der Kinder mindestens halbiert, 25% waren vollständig trocken. Besonders bewährt hat sich die Laserakupunktur bei jüngeren einnässenden Kindern mit primärer monosymptomatischer Enuresis.

Intervention: Hypnotherapie

Hypnose soll über Selbstsuggestion, Entspannungsmethoden und Imaginationsübungen dem Kind helfen, die Blasenkontrolle nachts zu erlernen. Eine in der Hypnotherapie* entwickelte Übung könnte z.B. sein, dass das Kind vor dem Schlafengehen mit seiner Blase spricht und sie auffordert, sich zu melden, wenn es Zeit ist, auf die Toilette zu gehen.

Intervention: Homöopathie

Die Homöopathie ist eine die Selbstheilungskräfte des Körpers mobilisierende Heilmethode. Die in Kügelchen, sogenannten Globuli, oder Tropfenform verfügbaren Heilmittel enthalten Wirkstoffe, die speziell verdünnt und verschüttelt wurden. Die ursprünglichen Substanzen kommen aus der Natur, sie stammen von Pflanzen, Tieren, Mineralien, krankem Gewebe oder Ähnlichem. Aufgrund der speziellen Herstellung ist kaum mehr substanzieller Wirkstoff, sondern hauptsächlich die Information des jeweiligen Heilmittels im Kügelchen oder in der Flüssigkeit vorhanden. Neben dem Grundprinzip „Ähnliches mit Ähnlichem behandeln" ist das Spezielle an der homöopathischen Behandlung, ein Mittel zu finden, das den Krankheitssymptomen in möglichst vielen Einzelheiten entspricht. Die Homöopathie ist als sinnvolle Ergänzung zu anderen Therapieformen zu sehen, da sie direkt die Regulationskräfte des Körpers aktiviert und so ursächlich heilen kann.

Intervention: Ergotherapie

Ergotherapie verbessert die Körperwahrnehmung und kann bei Vorliegen einer motorischen Entwicklungsverzögerung durch den Kinderfacharzt/die Kinderfachärztin verschrieben werden. Sie ist eine sinnvolle Ergänzung zu anderen Maßnahmen und eignet sich besonders bei Kindern mit motorischen oder/und anderen Wahrnehmungsschwächen.

Intervention: Physiotherapie

Physiotherapie kann verordnet werden, wenn das Einnässen durch Koordinationsstörungen zwischen Blasen- und Beckenbodenmuskeln oder durch ein Fehlverhalten bei der Blasenentleerung mitverursacht wird. Die physiotherapeutische Behandlung beinhaltet das Erstellen eines Miktionsprotokolls, Haltungsschulung sowie das Lösen von Bewegungseinschränkungen und muskulären Dysbalancen. Die Arbeit mit der Atmung, das Auffinden und Wahrnehmen des Beckenbodens stellen weitere Ansatzpunkte bei Enuresis dar.

Intervention: Osteopathie

Die Osteopathie betrachtet den Körper als Einheit und geht von seiner Fähigkeit zur Selbstregulation aus. In einer osteopathischen Behandlung werden körperliche Dysfunktionsmuster erkannt und durch sanfte manuelle Techniken korrigiert.

Intervention: Pädagogische Praxis für Kindesentwicklung (PäPKI)

Die Lern- und Entwicklungstherapie nach PäPKi nimmt an, dass z.B. Entwicklungsverzögerungen mit der frühkindlichen Bewegungsentwicklung zusammenhängen. Daher wird die Bewegungsentwicklung überprüft und durch neuromotorische Übungen gefördert, um die Eigenwahrnehmung, Koordination und Konzentration des Kindes zu verbessern.

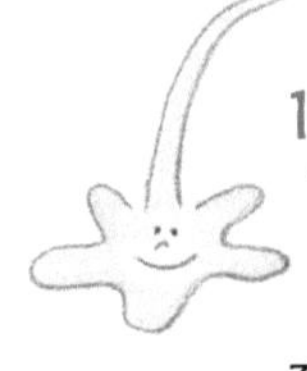

12 Tipps, die den Alltag erleichtern

Enuresis erzeugt Stress und liefert täglich Anlass für Konflikte. Folgende Tipps sollen Eltern helfen, die Orientierung zu bewahren und den Alltag entspannter zu meistern:

1. Loben Sie richtig

Ihr Kind benötigt viel Lob. Sagen Sie genau, was Sie meinen, z.B. „Toll, dass du deinen Pyjama selbst hergerichtet hast" statt „Brav bist du". Verzichten Sie auf jedes noch so leise „aber", das sich immer gerne aufdrängt, wie z.B. „Super, dass du heute selbst die Bettwäsche gewechselt hast, aber leider hast du falsch geknöpft". Loben Sie nur das, was Sie selbst glauben und seien Sie aufmerksam, um kleine Dinge loben zu können, wie z.B. „Schön, dass du dich so flink umgezogen hast". Es wäre gut, sich anzugewöhnen, nach einer Rüge mindestens drei Mal zu loben. Denn das Kind merkt sich gewohnheitsmäßig die Rüge leider besser als Lob.

2. Bleiben Sie gelassen

Kinder nässen fast nie absichtlich ein. Ein nasses Bett ist unangenehm genug. Lassen Sie Ihren Frust und Ärger nicht am Kind aus und erinnern Sie sich stattdessen an das, was Sie mit Ihrem Kind verbindet sowie daran, dass andauerndes Nörgeln, Schimpfen und Demütigen die Eltern-Kind-Beziehung brüchig macht.

3. Organisieren Sie sich gut

Eine wasserdichte Unterlage ist unverzichtbar, ebenso zusätzliche, waschbare Bettdecken und Schlafanzüge in Reserve. Halten Sie fertig überzogene Bettdecken bereit, ebenso eine Wanne, in der Sie die nasse Wäsche bis zum Waschen aufbewahren können. Richten Sie frische Pyjamas für Ihr Kind her, um nachts ein schnelles Umziehen zu gewährleisten und wertvolle Schlafenszeit zu gewinnen.

4. Lassen Sie Ihr Kind mithelfen

Die meisten Kinder haben konkrete Vorstellungen darüber, welchen Beitrag sie leisten können, wie z.B. aufstehen, sich selbst ausziehen, duschen, anziehen, Kissen beziehen, am nächsten Tag die Wäsche in die Waschmaschine geben, die trockene Wäsche zusammenlegen und einräumen. Legen Sie die Aufgabenteilung rechtzeitig gemeinsam mit Ihrem Kind fest.

5. Saughosen können entlasten

Windeln sind ein Rückschritt, tragbare Saughosen stellen bei familiärer Übermüdung jedoch eine praktikable Alternative dar. Sie ermöglichen ein Durchschlafen ohne kompliziertes Wechseln von Bettwäsche und Pyjama. Saughosen, welche selbstständig an- und ausgezogen werden sollen, dürfen dem Kind keinesfalls aufgezwungen werden.

6. Achten Sie auf die Zeit

Stehen Sie am Morgen rechtzeitig auf. So bleibt genug Zeit, um in Ruhe den neuen Tag zu beginnen, gemeinsam zu frühstücken und sich für den Kindergarten oder die Schule stressfrei zurecht zu machen.

7. Verbünden Sie sich gegen das Problem

Je mehr Raum Sie dem Problem geben, desto mehr Probleme schaffen Sie sich auf der Beziehungsebene. Verbünden Sie sich gegen das Problem, indem Sie aufgrund vieler gemeinsamer Aktivitäten (z.B. Spiele spielen, Sport machen, Ausflüge, Bibliotheks- und Kinobesuche, Filmabende) dem Problem weniger Beachtung schenken. Außerdem verkrümeln sich Probleme schneller, wenn Familien zusammenhalten.

8. Gemeinsames Schimpfen erleichtert

Ja, es stimmt! Enuresis nervt gewaltig und Schimpfen über das Problem hilft. Doch nur, wenn es alle gemeinsam tun. Legen Sie miteinander einen bestimmten Zeitraum (z.B. täglich 30 Minuten) fest, in dem Sie gemeinsam gegen das Problem wettern.

9. Halten Sie sich an die Fakten

Enuresis hat nichts mit falscher Sauberkeitserziehung oder Erziehungsfehlern zu tun. Es handelt sich um eine Regulationsstörung. Belastende Ereignisse können jedoch zu sekundärer Enuresis führen. Gerade in aufwühlenden Zeiten benötigen Kinder Unterstützung, um damit klarzukommen. Überlegen Sie gemeinsam mit Ihrem Kind, wodurch sich die familiäre Situation wieder beruhigen könnte.

10. Sie alle sind SpezialistInnen

Die meisten Eltern und Kinder wissen selbst am besten, wer was in der Familie benötigt und zu welchem Zeitpunkt Veränderungen möglich und zielführend sind. Die Familienkonferenz ist der ideale Rahmen, um gemeinsam zu reflektieren, was gut läuft, wo es hakt und wer was dagegen tun kann. Erst wenn Sie sich als SpezialistInnen ernst nehmen, werden Sie wirksame Lösungen entdecken.

11. Sprechen Sie darüber

Distanzieren Sie sich von unangebrachten Schamgefühlen und sprechen Sie über das Problem. Dadurch befreien Sie sich und das Kind vom belastenden Geheimhaltungsdruck und vermitteln zugleich, dass Sie bereits besser damit klarkommen.

12. Fragen Sie um Hilfe

Lassen Sie sich von ÄrztInnen, PsychologInnen oder PsychotherapeutInnen helfen. Bitten Sie Vertrauenspersonen aus Ihrem Umfeld um Hilfe, wenn Sie nachts einmal durchschlafen wollen oder der Wäscheberg zu langsam schwindet.

... mein Kind aus Scham beim Arzt/bei der Ärztin schweigt?

Das ist in Ordnung. Es gibt schüchterne Kinder und solche, die gerne mit Erwachsenen reden. Erklären Sie Ihrem Kind vor dem Arztbesuch, was es dort wahrscheinlich erwarten wird, welche Untersuchungen notwendig sind, welche Fragen gestellt werden und inwiefern diese Informationen für den Arzt/die Ärztin bedeutend sind. Informieren Sie Ihr Kind, dass Sie an seiner Stelle die Fragen bestmöglich zu beantworten versuchen und es Sie auf falsche Antworten unbedingt aufmerksam machen soll.

... mein Kind die Psychotherapie/psychologische Behandlung verweigert?

Das kommt immer wieder vor und kann Unterschiedliches bedeuten. Das Kind fühlt sich unwohl in dieser für Kinder eher untypischen Gesprächssituation, das Kind erlebt die Erwachsenen als Front, lehnt den/die behandelnde(n) PsychotherapeutIn/PsychologIn ab, kommt sich unverstanden oder zu wenig ernst genommen vor oder hat im Unterschied zu den Eltern keinen bzw. einen niedrigeren Leidensdruck. Was auch immer die Gründe für die Verweigerung sein mögen, sie soll zum Thema gemacht werden. Dann gilt es, zu entscheiden, ob die Behandlung eventuell in anderer Konstellation (z.B. Elternarbeit, Einzelsetting, Wechsel des behandelnden Professionisten/der behandelnden Professionistin) fortgesetzt wird. Lassen Sie sich dadurch nicht verunsichern, sondern machen Sie sich auf die Suche nach jemandem, der für Ihr Kind besser passt.

... mein Kind die nassen Sachen versteckt?

Sprechen Sie Ihr Kind in einer ruhigen Minute auf Ihre Entdeckung an. Sagen Sie ihm, dass Sie seinen/ihren Wunsch verstehen können, das Problem mit dem nassen Bett unbedingt loswerden zu wollen. Fügen Sie hinzu, dass das Problem auch dann noch bestehen bleibt, wenn das Kind die nasse Wäsche versteckt. Bieten Sie Ihrem Kind Ihre Hilfe an und überlegen Sie gemeinsam, wodurch Sie das Problem tatsächlich zum Verschwinden bringen können.

... mein Kind ausschliesslich zu Hause einnässt?

Wahrscheinlich ist die klassische Aufwachstörung der Grund dafür. Beobachten Sie, ob Ihr Kind in seiner vertrauten Umgebung schwer weckbar ist und trotz überlaufender Blase weiterschläft. Auswärts ist ein Kind meist etwas aufgeregter, hat einen leichteren Schlaf und kann eine volle Blase besser wahrnehmen.

... das Einnässen einfach nicht besser wird?

Bei Jugendlichen wird häufig eine medikamentöse Behandlung vorgeschlagen. Tun Sie so, als ob das nächtliche Einnässen dauerhaft bestehen bleibt, und organisieren Sie Ihren Alltag entsprechend. Dadurch werden Sie und Ihr Kind künftig weniger enttäuscht reagieren und sich stattdessen freuen, wenn das Bett einmal trocken ist.

Sachinformationen für PsychologInnen und PsychotherapeutInnen

Hartnäckige Probleme

Urin und Kot sind sehr private Angelegenheiten. Machen sie Probleme, dann ist das meist eine sehr unangenehme, schambesetzte Angelegenheit. Entwickeln sich die Ausscheidungsprodukte in familiären Beziehungen zum Hauptthema, erhöht sich der Problemdruck der Betroffenen deutlich. Typisch für Probleme aus Sicht der Systemischen Familientherapie ist ihre Hartnäckigkeit: Sie schaffen es immer wieder, sich als Merkmal einer Person zu verfestigen, und zwar, indem z.B. bei Enuresis das Kind auf eine(n) „BettnässerIn" reduziert wird sowie Eltern und Geschwister den Blick für alle anderen Eigenschaften und Fähigkeiten verlieren. Das Kind bleibt in seiner Zuschreibung als „BettnässerIn" gefangen und wird am Erwerb günstigerer Verhaltensweisen gehindert.

Kompetenzen entdecken

Egal ob Kinder, Jugendliche oder Erwachsene die KooperationspartnerInnen sind, sie sollen in ihren Anliegen und Entscheidungen ernst genommen werden. Auch wenn sich ein Problem im Moment als unüberbrückbares Hindernis darstellt und sie deshalb psychologische oder psychotherapeutische Hilfe in Anspruch nehmen, verfügen sie über wesentliche Kompetenzen und Ressourcen. Systemische FamilientherapeutInnen können durch ihre Art der Gesprächsführung KlientInnen helfen, Veränderungsmöglichkeiten zu entwickeln und in der Person liegende Fähigkeiten zu (re-)aktivieren. Mithilfe respektvoller Neugierde, Wertschätzung, des Infragestellens von einschränkenden Sichtweisen oder problemaufrechterhaltenden Beziehungsmustern können KlientInnen ihre Lebenswirklichkeiten neu gestalten.

Klarheit schaffen

Probleme existieren – aus Sicht der Systemischen Familientherapie – dann, wenn sie als solche benannt werden, wobei die Belastung mit zunehmender Dauer steigt. Enuresis ist zermürbend und beansprucht Eltern enorm, deshalb haben sie meistens den größten Veränderungswunsch. Unabhängig davon sind ihre Erwartungen und jene des Kindes hinsichtlich der

Zusammenarbeit zu erfragen. Haben Kinder keinen oder nur einen geringen Leidensdruck, ist zu erarbeiten, ob sie überhaupt und wenn ja, wann und in welcher Form in das psychotherapeutische Setting involviert werden. Des Weiteren sind im Verlauf ambivalente oder heimliche Aufträge von offenen (z.B. „Wir wollen durchschlafen, statt uns mit dem nassen Bett herumzuplagen") zu unterscheiden und anzusprechen. Denn sobald klar ist, wer was von wem mit welchem Ziel – oder nicht – möchte, zeichnet sich der gewünschte und einzuschlagende Weg ab. Erfolgsversprechende therapeutische Ziele sind daran erkennbar, dass sie einfach, erreichbar und für Klientinnen erstrebenswert sind und positiv definiert werden.

Sackgassen meiden

Enuresis kann urologisch, neurologisch oder psychisch bedingt sein. Um unnötige Sackgassen in der Zusammenarbeit zu vermeiden, soll die Diagnose bald klar sein. Folgende Kernfragen müssen bei Enuresis mit „Ja" beantwortet werden:

- Ist das Kind älter als fünf Jahre?
- Nässt das Kind ausschließlich nachts ein?
- Nässt das Kind mindestens zwei Mal pro Monat ein?
- Kann eine urologische Erkrankung ausgeschlossen werden?
- Kann eine neurologische Erkrankung ausgeschlossen werden?
- Kann eine psychische Erkrankung ausgeschlossen werden?

Bestehen Unsicherheiten oder werden das Vorliegen einer schweren psychischen Begleitstörung bzw. andere Auffälligkeiten bekannt, ist eine fachärztliche Untersuchung notwendig. Wurde in der Anamnese eine Enkopresis* festgestellt, ist diese primär zu behandeln. Des Weiteren sollen HelferInnen ihre fachlichen Grenzen reflektieren und im Anlassfall an KollegInnen weiter verweisen.

Schrittweise vorwärts

Je nach psychotherapeutischer Ausrichtung stehen bestimmte Haltungen und Methoden im Vordergrund. Diese Unterschiede verlieren jedoch an Bedeutung, wenn PsychotherapeutInnen sich daran erinnern, was das Ergebnis der Therapie beeinflusst: Geschätzte 40 Prozent sind nämlich auf extratherapeutische Faktoren (Klientenmerkmale wie z.B. Lebensumstände, Ressourcen, Stärken) und 30 Prozent auf die therapeutische Beziehung zurückzuführen.

PsychotherapeutInnen/PsychologInnen, die sich erst seit kurzem für die Behandlung von Enuresis interessieren, können sich an verhaltenstherapeutischen Maßnahmen orientieren. Deren

Wirkung konnte gut belegt werden und sie beziehen sich z.B. auf die Beratung der Eltern hinsichtlich des Krankheitsbildes, das Führen eines Pipikalenders, den Einsatz apparativer Verfahren (Klingelhose, Klingelmatte) und den Verzicht auf wirkungslose Behandlungsstrategien. Letztere umfassen z.B. Strafen bei Enuresis, unerreichbare Ziele, nächtliches Wecken oder die Reduktion der Trinkmenge für das Kind.

Viele Eltern denken irrtümlicherweise, Bettnässen habe mit ihrem Erziehungsverhalten oder mit Schwierigkeiten des Kindes beim Erwerb der Toilettenfertigkeiten* zu tun. Daher ist unbedingt der Zusammenhang zwischen vermehrter Urinbildung in der Nacht, ausbleibender Wahrnehmung der vollen Blase sowie der Schwierigkeit, das Kind aufzuwecken, zu vermitteln.

In der Systemischen Familientherapie wird auftragsorientiert gearbeitet und Familien werden als ExpertInnen für Problemlösungen betrachtet, wobei bedeutsame und aktuelle Themen an erster Stelle stehen. Folgende problemunabhängige Zugangsweisen haben sich bewährt:

Veränderungswunsch und Entschlossenheit

Eine Frage, die mit einer Zahl beantwortet wird, ist für die meisten Kinder eine einfache Art, sich auszudrücken. Anhand der Skalierungsfrage „Wie sehr möchtest du auf einer Skala von 0 bis 10 morgens in einem trockenen Bett aufwachen?" (0 Punkte = überhaupt nicht, 10 Punkte = unbedingt) wird der Veränderungswunsch des Kindes erfragt. Im Anschluss wird die Entschlossenheit skaliert. Kinder, die den Zahlenraum bis 10 noch nicht beherrschen, können ihre Motivation durch das Aufblasen eines Luftballons mitteilen oder dadurch, dass sie ihren Körper als Skala verwenden. Ein großer Veränderungswunsch und deutliche Entschlossenheit stellen Voraussetzungen für eine erfolgreiche Zusammenarbeit mit dem Kind dar. Doch auch ausschließliche Elterngespräche führen häufig zu Verbesserungen.

Sich an kleinen Veränderungen erfreuen

Ein nasses Bett ist üblicherweise ein großes Problem. Haben sich Betroffene entschieden, etwas dagegen zu unternehmen, dann erwarten sie sich auch entsprechend große Veränderungen. Diese Erwartungshaltung macht anfällig für Enttäuschungen und Leistungsdruck, daher ist der Blick der KlientInnen für jede noch so winzige Veränderung zu schärfen. Die Fragen „Was hat sich verändert?", „Welche noch so klitzekleine Veränderung haben Sie bemerkt?" oder „Was ist seit dem letzten Termin ein bisschen anders?" machen bereits geringfügige Unterschiede sichtbar und geben Anlass zur Freude. Sich überhaupt an kleinen Erfolgen oder schrittweisen Veränderungen erfreuen zu können, ist eine nützliche und zu aktivierende Fähigkeit.

Externalisierende Elemente

Hierbei werden Problem und Person getrennt voneinander betrachtet und ihr Einfluss auf die Familie erforscht. Voraussetzung dafür ist, dass dem Problem – meist handelt es sich um ein körperliches oder psychisches Symptom – eine symbolische Gestalt verliehen wird. Die Trennung von Problem und Person schützt vor Schuldzuweisungen und Schuldgefühlen.

Bei gekonnt humorvoller Externalisierung wird das Problem ein wenig auf die Schippe genommen und verliert so seine – oftmals paralysierende – Mächtigkeit.

Basierend auf der Geschichte „Blumen gießen“ können dem Kind z.B. folgende Fragen zu Problemverständnis, Effekten und Lösungswegen gestellt werden:

- „Seit wann ist ‚Onin‘ der Chef deiner Blase und nicht du?“
- „Was tut ‚Onin‘, damit deine Blase ausläuft?“
- „Was macht ‚Onin‘ mit dir?“
- „Wie fühlst du dich wegen ‚Onin‘?“
- „Welche Gedanken kommen immer wieder, seit ‚Onin‘ da ist?“
- „Wie hast du dich durch ‚Onin‘ verändert?“
- „Wie bringt ‚Onin‘ dein Leben durcheinander?“
- „Was nimmt dir ‚Onin‘ weg?“
- „Was von dem, das ‚Onin‘ mit dir macht, magst du überhaupt nicht?“
- „Welche Beziehung hat ‚Onin‘ zu dir und zu deiner Familie?“
- „Wer beeinflusst den anderen mehr: Du ‚Onin‘ oder ‚Onin‘ dich?“
- „Wie sehr möchtest du, dass dir ‚Onin‘ weniger Schwierigkeiten bereitet?“
- „Was will ‚Onin‘, dass du lernst?“
- „Was kannst du tun, damit dich ‚Onin‘ mehr in Ruhe lässt?“
- „Was kannst du von ‚Onin‘ lernen und was er von dir?“

Muster erkennen

Die von der Verhaltenstherapie vorgeschlagene Form der Kalenderführung macht Muster und Zusammenhänge des Problems transparent. Die Familie soll in externalisierender Sprache mit der Kalenderführung beauftragt werden, wie z.B. „Die Blase verhält sich eigenwillig. Damit du/ihr das Rätsel der eigenwilligen Blase besser verstehen könnt, schreibe/schreibt jeden Morgen auf, ob sie nachts dicht gehalten hat oder ausgelaufen ist.“ Diese gezielte Beobachtungs- und Verhaltensaufgabe schafft sowohl ein differenziertes Problemverständnis als auch Raum für Lösungsansätze durch das wahrscheinliche Sichtbarwerden von Zeiten, in denen das nächtliche Einnässen nicht oder weniger stark auftritt.

Ausnahmen erinnern

Mit zunehmender Problemdauer verschwindet die Erinnerung an trockene Zeiten oder jene, in denen die Familie die Sache mit dem nassen Bett besser im Griff hatte. Typische Fragen hierfür sind:

- „Gab es bereits Zeiten, in denen das Bett morgens trocken war?“
- „Gab es Zeiten, in denen das Bett morgens seltener nass war?“
- „Gab es Zeiten, in denen das Bett weniger durchnässt war?“
- „Was war in dieser Zeit anders?“
- „Wer hat was anders gemacht als jetzt?“
- „Was hat damals dazu geführt, dass es so gut funktioniert hat?“
- „Worauf ist in dieser Zeit mehr geachtet worden als im Moment?“
- „Was ist dem Kind/der Familie damals besser gelungen als heute?“
- „Was von dem, was früher funktioniert hat, könnte nun wieder aufgegriffen werden?“
- „Welche Dinge von früher könnten ab heute wieder ausprobiert werden?“

Das Erfragen von Zeiten, in denen das Problem nicht existierte, weniger stark war oder seltener auftrat, stellt eine Brücke zwischen der Vergangenheit und der Gegenwart dar und hilft Familien, an bestimmte Bedingungen und Fähigkeiten anzuknüpfen und wieder besser Einfluss auf das Problem zu nehmen.

Paradoxe Elemente

Ein Experiment zu wagen oder der Auftrag, das Problem zu verschlimmern, stellen zwei paradoxe Möglichkeiten dar, die KlientInnen zu überraschen und neue Einflüsse auf das Problem zu entdecken. Ergeben sich trotz sorgfältiger Kalenderführung keine Hinweise auf ein Muster, dann wird es Zeit für ein Experiment. Hierbei wird das Kind gebeten, an zuvor ausgewählten Tagen einzunässen. Bei der Verschlimmerungsfrage wird ausgelotet, welches Familienmitglied was machen kann, damit die an sich eigenwillige Blase noch häufiger ausläuft. Durch paradoxe Elemente werden Familien eine Zeitlang aufgefordert, ein vermeintlich unkontrollierbares Problem absichtlich herbeizuführen. Diese Vorgehensweise hilft, das Problem und Einflussmöglichkeiten darauf besser einzuschätzen.

Veränderungsprojekt entwickeln

Ein Veränderungsprojekt wird am besten im Familiensetting entwickelt. Voraussetzung dafür sind ein Verständnis für die Wirkungsweise des Problems und ein formuliertes Global-Ziel (z.B. „Weniger Heck-Meck wegen dem nassen Bett“ oder „Mit einer eigenwilligen Blase klarkommen“) mit Teilzielen. Idealerweise erhält das Veränderungsprojekt einen Namen (z.B. „Ich-bestimm-Projekt"). Im Anschluss wird gemeinsam überlegt, wer von den Familienmitgliedern welchen Beitrag zur Realisierung des Projekts leisten kann. Die Initiierung eines Veränderungsprojektes fokussiert die Familie auf eine gemeinsame (Lern-)Sache.

Ressourcenorientierung

KlientInnen sind mehr als ihre Probleme, daher sollen als positiv wahrgenommene extratherapeutische Faktoren unbedingt erfragt werden:

- „Wo erlebt sich die Familie als vom nächtlichen Einnässen unabhängig?"
- „Bei welchen Aktivitäten vergisst die Familie das nasse Bett?"
- „Welche Dinge helfen, sich vom nassen Bett ein wenig ablenken zu lassen?"
- „Wann und wodurch erlebt sich die Familie/das Kind ungezwungen?"
- „Wann und wo ist die Familie/das Kind in Kontakt mit ihren/seinen Stärken?"
- „Auf welche Ressourcen ist die Familie/das Kind besonders stolz?"
- „Was wird in sozialen Kontexten (Familie, Freundeskreis, Schule, Verein) als hilfreich erlebt?"

Bewährtes fortsetzen

Strategien, die sich zur Reduktion des nächtlichen Einnässens bewährt haben, sind unbedingt beizubehalten. Erfolglose Strategien sind schnell zu vergessen.

Rückfälle umdeuten

Probleme werden verabschiedet, wenn sie zufriedenstellend gelöst sind. Auf dem Weg dorthin haben bestimmte Haltungen, Sichtweisen und Fähigkeiten der Familienmitglieder etwas bewegt.

Anstatt sich durch die Furcht vor Rückfällen einzuschränken oder sie durch ihre bloße Erwartung heraufzubeschwören, ist es besser, ihnen gegenüber eine wohlwollende und neugierige Haltung einzunehmen. Diese impliziert, dass die Wiederkehr von problemassoziierten Denk- und Verhaltensweisen als Einladung zur Reflexion verstanden wird:

- „Was ist passiert, dass das Problem jetzt wieder auftritt?"
- „Worauf weist uns das Problem im Moment hin?"
- „Was wurde in letzter Zeit aus dem Blickwinkel verloren?"
- „Worauf soll ab sofort wieder mehr geachtet werden?"

Effekte des Problems

Nächtliches Einnässen strapaziert die Nerven aller Familienmitglieder und bringt weitere Probleme mit sich. Meist handelt es sich um familiäre Spannungen, Hilflosigkeits- und Schamgefühle oder emotionale Belastung (z.B. Erwartungsdruck, Misserfolg, Rückfälle in alte Muster). Im Unterschied zur Enuresis mit ihren komplexen, ursächlichen Faktoren sind die psychosozialen Nebenwirkungen bei ausreichender Bereitschaft sehr gut beeinfluss- und kontrollierbar.

Haltung gegenüber dem Problem

Manchmal ist es so, dass Familien vieles ausprobiert haben und erhoffte Veränderungen trotzdem ausbleiben. Bevor sich eine wenig hilfreiche Ratlosigkeit einstellt, können diese Familien noch eine Sache tun: Das wohl Unveränderliche akzeptieren. Diese Haltung beendet die Zeit des Suchens nach der optimalen Lösung und bringt die Familie stattdessen dazu, sich irgendwie mit dem Bettnässen zu arrangieren.

Bewährte hypnotherapeutische Elemente

Zu den bewährten hypnotherapeutischen* Elementen zählen:

Die Blase beauftragen

Das Kind wird zu einem Dialog mit der Blase eingeladen mit dem Ziel, sie zu beauftragen. Die (Lern-)Aufträge können lauten:

- „Lass mich besser spüren, wenn du am Überlaufen bist!"
- „Lass mich früher spüren, dass du voll bist!"
- „Wecke mich auf, wenn ein paar Tropfen Pipi in meinem Bett landen!"
- „Hilf mir, öfters in einem trockenen Bett aufzuwachen!"

Urinstrahl-Stopp-Geschichte

Manchen Kindern hilft es, sich vorzustellen, wie der Urinstrahl gestoppt und die Blase am Auslaufen gehindert werden kann. Folgende Geschichte kann das Thema in Gang bringen:

„Stell dir vor, du machst eine Wanderung und musst dringend aufs Klo. Deshalb suchst du dir einen großen Busch oder einen breiten Baumstamm aus. Nachdem du deine volle Blase fast entleert hast, hörst du ein Geräusch. Du hältst inne und lauschst. Erst, als du dir sicher bist, dein stilles Örtchen für dich alleine zu haben, pieselst du weiter."

Glossar

Das Glossar erhebt keinen Anspruch auf Vollständigkeit

Abbauprodukte: sind der Rest von dem, was dem Körper durch Essen oder Trinken zugeführt wurde. Der Körper holt sich aus Nahrungsmitteln heraus, was er zum Leben benötigt. Die Reste – sie heißen Abbauprodukte – werden so verändert, dass sie ausgeschieden werden können.

Ammoniak: reizt die Nasenschleimhäute ganz stark. Ammoniak ist in einigen Putzmitteln enthalten, daher kommt einem der Geruch bekannt vor. Lässt man Urin lange stehen, erzeugen die sich im Urin vermehrenden Bakterien Ammoniak.

Asthma bronchiale: ist eine Erkrankung, bei der die Lunge Schwierigkeiten hat, die eingeatmete Luft wieder auszuatmen, da es zu einer Verkrampfung der kleinen Lungengänge kommt. Betroffene haben Atemnot und husten stark.

Basistherapie: umfasst Maßnahmen wie z.B. den sogenannten Sonne-Wolken-Kalender und verhaltenstherapeutische Ansätze.

Belohnungspläne: Hierbei schaffen Eltern Anreize, um beim Kind erwünschtes Verhalten häufiger auftreten zu lassen. Ein Punktesystem gibt Auskunft, wie oft das Kind bereits das erwünschte Verhalten gezeigt hat und ab dem wievielten Male es eine zuvor vereinbarte Belohnung erhält.

Blasentagebuch: ist ein anderer Begriff für Miktionsprotokoll.

Chemikalien: sind chemische Verbindungen, die durch chemische Verfahren erzeugt werden.

Deponie: ist eine Anlage, in der Müll langfristig gelagert wird.

Desinfektionsmittel: Damit werden – eventuell auf der Toilettenbrille befindliche – Krankheitserreger unschädlich gemacht.

Diabetes mellitus: ist eine Erkrankung, bei der der Zuckergehalt des Blutes zu hoch ist. Dies führt unter anderem dazu, dass ein vermehrtes Durstgefühl und erhöhte Harnmengen auftreten. Aufgrund der hohen Harnmengen kann dies zu Enuresis führen.

Diagnose: Körperliche oder psychische Symptome oder Befunde werden einem Krankheitsbild zugeordnet. Zur Urteilsfindung sind körperliche, psychiatrische oder psychologische Untersuchungen erforderlich.

Enkopresis: ist ein Fachbegriff für das Einkoten. Dabei setzen Kinder über das vierte Lebensjahr hinaus ihren Kot absichtlich oder unabsichtlich außerhalb der Toilette ab, obwohl sie bereits über die körperlichen Voraussetzungen zur Stuhlkontrolle verfügen.

Enuresis diurna: ist der mittlerweile veraltete Begriff für Einnässen am Tag. Besser ist, von funktioneller Harninkontinenz zu sprechen.

Enuresis nocturna: ist ein anderer Ausdruck für nächtliches Einnässen/Enuresis.

ErgotherapeutIn: Er/sie fördert und unterstützt Menschen, die in ihrer alltäglichen Handlungsfähigkeit eingeschränkt sind. Ziel ist es, die psychischen, sozialen, kognitiven und motorischen Fähigkeiten aufrechtzuerhalten oder wiederzuerlangen.

Feststoffe: sinken zu Boden, nachdem sie sich in der Kläranlage aus dem Wasser abgesetzt haben.

Flüssigkeitshaushalt: ist das, was der Körper macht, damit er nicht überwässert oder austrocknet.

Gitter: heißt in der Fachsprache Rechen.

Harnstoff: ist ein Hauptbestandteil des Urins, der vor allem durch Abbau von Eiweißen entsteht.

Harnwegsinfekt: ist eine schmerzhafte Entzündung, die durch Bakterien ausgelöst wird. Die häufiger auftretenden unteren Harnwegsinfekte betreffen Blase und Harnröhre, die seltener auftretenden oberen Harnwegsinfekte betreffen Nieren und Harnleiter.

Hirnanhangdrüse: Sie kontrolliert das Hormonsystem*.

Hormone: werden auch Botenstoffe genannt. Sie dienen dem Informationsaustausch im Körper und spielen eine große Rolle beim Wachstum, der Verdauung oder der Fortpflanzung.

Hormonsystem: Das Hormonsystem ist ein Netzwerk von Drüsen, die im ganzen Körper verteilt sind. Diese Drüsen können Botenstoffe (Hormone*) erzeugen, die direkt ins Blut gelangen und auch in kleinen Mengen stark wirken.

hypnosystemisch: steht für die Hypnosystemische Therapie. Diese Form der Psychotherapie zeichnet sich durch die Einbettung der Methoden von Milton Erickson (Ericksonsche Hypnotherapie) in systemische Ansätze aus.

hypnotherapeutisch: bezieht sich auf Methoden der Hypnotherapie.

Hypnotherapie: ist eine anerkannte Psychotherapiemethode. Dabei werden KlientInnen durch verschiedene Interventionen angeleitet, in Trance zu gelangen, um den Fokus auf unbewusste Prozesse zu lenken und für Veränderungen zu nützen.

Innervation: beschreibt die Versorgung eines Körperteils, Gewebes oder Organs mit Nervenzellen und Nervenfasern. Sie dient der Steuerung von Körpervorgängen durch Reizwahrnehmung (z.B. Blasenfüllung) und Reizausübung (Blasenentleerungsreiz).

Keime: ist ein etwas veralteter Begriff für Krankheitserreger.

Kinder- und Jugendfacharzt/Kinder- und Jugendfachärztin: ist ein/e ExpertIn für Kinderheilhunde. Er/sie erkennt und behandelt Erkrankungen, Fehlbildungen sowie Entwicklungsstörungen von Kindern und Jugendlichen.

Kläranlage: Dort wird das verschmutzte Wasser gereinigt.

Klärschlamm: Dieser entsteht durch die Reinigung des Abwassers. Klärschlamm setzt sich aus einer Mischung von Wasser und Feststoffen* zusammen.

Kochsalz: Der Körper besteht zu einem großen Anteil aus ganz normalem Wasser. Das Kochsalz – davon gibt es eine ganze Menge – dient dazu, die Flüssigkeit im Körper zu halten. Des Weiteren schützt es den Körper davor, auszutrocknen oder sich wie ein Schwamm aufzublähen.

Krankheitserreger: sind mit bloßem Auge nicht sichtbare Verursacher von Krankheiten. Das können Bakterien, Pilze, Viren oder Ähnliches sein.

Nervensystem, zentrales: ist eine Bezeichnung für unser Gehirn und das Rückenmark, das sich im Wirbelkanal befindet. Das zentrale Nervensystem ist die Steuerungszentrale für alle Nervenzellen.

neurologisch: bedeutet „sich mit dem Nervensystem befassend“. Das menschliche Nervensystem umfasst das Gehirn, das Rückenmark und die Nerven des Körpers.

Niere: In der Niere wird der Urin gebildet. Sie ist ein bohnenförmiges Organ im Unterbauch, ungefähr auf der Höhe der unteren Rippen. Die Nieren dienen der Entgiftung des Körpers, da über den Urin Abfall- und Giftstoffe aus dem Körper ausgeschieden werden.

PsychologInnen: befassen sich mit dem Erleben und Verhalten von Menschen. Die Ausbildung erfolgt durch ein Universitätsstudium. PsychologInnen können in den verschiedensten Bereichen tätig sein, z.B. im Gesundheitswesen, in der Forschung oder in der Wirtschaft.

PsychotherapeutInnen: müssen einen psychosozialen Grundberuf (z.B. PsychologIn, SozialarbeiterIn, Arzt/Ärztin) erlernt haben. Anschließend findet eine Zusatzausbildung statt, in der Haltungen und Methoden einer bestimmten therapeutischen Richtung (z.B. Systemische Familientherapie, Verhaltenstherapie, Gesprächspsychotherapie) vermittelt und erworben werden.

Spezialarzt/Spezialärztin: Das sind Ärzte/Ärztinnen, die sich mit dem Thema Einnässen beschäftigt haben und dadurch besonders viel darüber wissen. Das können beispielsweise KinderärztInnen, KinderchirurgInnen oder Kinder- und JugendpsychiaterInnen sein. In manchen Krankenhäusern gibt es Spezialambulanzen für vom Einnässen betroffene Kinder und Jugendliche.

Störung, hyperkinetische: beginnt vor dem 6. Lebensjahr und ist durch Unaufmerksamkeit, Überaktivität und Impulsivität charakterisiert. Die Symptome müssen konstant in mindestens zwei Lebensbereichen (z.B. Familie, Schule) bemerkbar sein.

Substanzen: Hier sind Abfall- und Giftstoffe gemeint, die aus dem Körper ausgeschieden werden.

Toilettenfertigkeiten: umfassen verschiedene Fertigkeiten, die Kinder im Rahmen der Sauberkeitsentwicklung erwerben sollten. Sie beinhalten die Kenntnis der Begriffe für Urin und Kot, den Ort der erwünschten Entleerung, das Wahrnehmen einer vollen Blase, eines vollen Darms, das Auskleiden, die Positionierung auf der Toilette, die Entleerung, die Reinigung der Ausscheidungsorgane von Kot und Urin, das Ankleiden, die Betätigung der Spülung und das Händewaschen.

Vorhaut: ist die Hauthülle, die die Eichel des Penis bedeckt und sich zurückschieben lässt.

Weiterführende Informationen

Ansprechpartner

Bettnässen ist eine behandlungswürdige Krankheit mit unterschiedlichen Ursachen. In Abhängigkeit von der Diagnose werden spezifische Behandlungsmöglichkeiten vorgeschlagen. Wenden Sie sich deshalb zuerst an Ihren Kinder- und Jugendfacharzt/Ihre Kinder- und Jugendfachärztin* und stellen Sie sich auf mögliche weitere Untersuchungen bei SpezialärztInnen ein.

Sollten Sie bereits mit Ihrem Kind in psychologischer/psychotherapeutischer Behandlung sein, macht diese nur Sinn, wenn urologische, neurologische oder psychiatrische Krankheitsursachen ausgeschlossen wurden und die Diagnose Enuresis auf Ihr Kind zutrifft.

Die Behandlung von Enuresis erfordert Bereitschaft und Durchhaltevermögen. Die Inanspruchnahme psychologischer oder psychotherapeutischer Unterstützung wird aufgrund der resultierenden Belastungen empfohlen. Wenden Sie sich jedoch ausschließlich an ausgebildete, auf Kinder und Jugendliche spezialisierte PsychologInnnen oder PsychotherapeutInnen, die in eigener Praxis, in Beratungsstellen oder in Kliniken arbeiten.

Literatur

Dilling, H.; Mombour, W.; Schmidt, M.H. (2000). Internationale Klassifikation psychischer Störungen. ICD-10 Kapitel V (F). Klinisch diagnostische Leitlinien. Bern: Verlag Hans Huber.

Eder, S.; Klein, D.; Lankes, M. (2008). Volle Hose. Einkoten bei Kindern: Prävention und Behandlung. Salzburg: edition riedenburg.

Von Gontard, A. (2002). Enuresis. Göttingen: Hogrefe-Verlag.

Von Gontard, A.; Freitag, C.M; Seifen, S.; Pukrop, R.; Röhling, D.(2006). Neuromotor development in nocturnal enuresis. 48 (9): 744-750. Developmental Medicine & Child Neurology.

Lambert, M.J. (1992). Implications of outcome research for psychotherapy integration. In J.C. Norcross und M.R. Goldfried (Hg.), Handbook Psychotherapy and Behavior Change. New York: Wiley.

Lettgen, B. (2003). Klinik und Diagnostik der Enuresis nocturna. Monatsschrift Kinderheilkunde, 9, 926-931.

Marschall-Kehrel, D.; Harms, T.W. (2009). Structured desmopressin withdrawl improves response and treatment outcome for monosymptomatic enuretic children. 18 (4): 2022-2026. The Journal of Urology.

Miller, S.D.; Duncan, B.L.; Hubble, M.A. (2000). Jenseits von Babel. Wege zu einer gemeinsamen Sprache in der Psychotherapie. Stuttgart: Klett-Cotta.

Radmayr, Ch.; Riccabona, M. (2007). Konsensusvorschläge bei Enuresis nocturna. Innsbruck: AFCOM.

Retzlaff, R. (2008). Spiel-Räume. Lehrbuch der systemischen Therapie mit Kindern und Jugendlichen. Stuttgart: Klett-Cotta.

Von Schlippe, A.; Schweitzer, J. (2000). Lehrbuch der systemischen Therapie und Beratung. Göttingen: Vandenhoeck & Ruprecht.

Schwing, R.; Fryszer, A. (2007). Systemisches Handwerk. Werkzeug für die Praxis. Göttingen: Vandenhoeck & Ruprecht.

Steiner, T.; Berg, I.K. (2005). Handbuch Lösungsorientiertes Arbeiten mit Kindern. Heidelberg: Carl-Auer.

Trappmann, H.; Rotthaus, W. (2003). Auffälliges Verhalten im Kindesalter. Handbuch für Eltern und Erzieher. Dortmund: Verlag modernes Lernen.

Trenkle, B. (2009). Ericksonsche Hypno- und Psychotherapie bei Bettnässen. In S. Mrochen, K.L. Holtz & B. Trenkle (Hrsg.), Die Pupille des Bettnässers. Hypnotherapeutische Arbeit mit Kindern und Jugendlichen (S. 124-153). Heidelberg: Carl-Auer.

Die Sachbuchreihe zu kindlichen und jugendlichen Spezialthemen

Band 1: **„Volle Hose“**: Einkoten bei Kindern: Prävention und Behandlung
Band 2: **„Machen wie die Großen“**: Toilettenfertigkeiten
Band 3: **„Nasses Bett?“**: Hilfe für Kinder, die nachts einnässen
Band 4: **„Pauline purzelt wieder“**: Hilfe für übergewichtige Kinder
Band 5: **„Lorenz wehrt sich“**: Hilfe für Kinder, die sexuelle Gewalt erlebt haben
Band 6: **„Jutta juckt's nicht mehr“**: Hilfe bei Neurodermitis
Band 7: **„Konrad, der Konfliktlöser“**: Strategien für gewaltloses Streiten
Band 8: **„Annikas andere Welt“**: Hilfe für Kinder psychisch kranker Eltern

Noch mehr Hilfe von Nino!

Nasses Bett?
EXTRA – Das Mit-Mach-Heft für Kinder, die nachts einnässen

Hast du eine eigenwillige Blase? Passiert es, dass dein Bett nachts nass wird? Vielleicht geht es dir wie Nino. Er pieselt manchmal nachts in sein Bett. Das macht ihn trübsinnig und zornig zugleich. Aber auf schlechte Laune hat Nino keine Lust mehr. Deshalb hat er sich dazu entschlossen, sein Problem genau unter die Lupe zu nehmen und aktiv zu beeinflussen. Möchtest du das auch? Dann fang gleich heute damit an. Dieses Mit-Mach-Heft ist extra für dich. Darin findest du ganz viele Fragen. So kannst du alles, was du über das Problem weißt, aufschreiben und deine persönlichen Antworten und Lösungen finden.

Nino und die Blumenwiese
Das Bilder-Erzählbuch für Kinder, die nachts einnässen

Nachts wälzt Nino meist trübsinnige Gedanken. Denn während andere schlafen, wird er munter. Und immer wegen demselben peinlichen Missgeschick: dem triefend nassen Bett. Davon hat Nino genug! Erst eine Begegnung im Traumland lässt ihn neuen Mut schöpfen.

„Nino und die Blumenwiese“ ist für Kinder, die sich mit nächtlichem Einnässen herumplagen. Es enttabuisiert und hilft, das Problem anzupacken.

Die Mit-Mach-Seiten sind dazu da, die eigene Situation aufzuschreiben und Ideen festzuhalten.

www.editionriedenburg.at

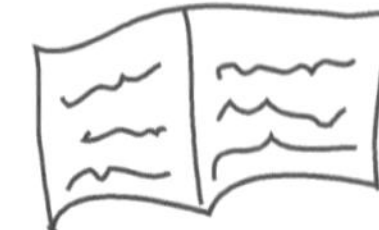

Ausgewählte Titel der edition riedenburg

Buchreihen

Ich weiß jetzt wie! Reihe für Kinder bis ins Schulalter
SOWAS! – Kinder- und Jugend-Spezialsachbuchreihe
Verschiedene Alben für verwaiste Eltern und Geschwister

Einzeltitel

Alle meine Tage – Menstruationskalender
Alle meine Zähne – Zahnkalender für Kinder
Annikas andere Welt – Psychisch kranke Eltern
Aus dem Schmerz in die Freiheit – Missbrauch
Ausgewickelt! So gelingt der Abschied von der Windel
Baby Lulu kann es schon! – Windelfreies Baby
Babymützen selbstgemacht! Ganz einfach ohne Nähen
Besonders wenn sie lacht – Lippen-Kiefer-Gaumenspalte
Bitterzucker – Nierentransplantation
Brüt es aus! Die freie Schwangerschaft
Das doppelte Mäxchen – Zwillinge
Das große Storchenmalbuch mit Hebamme Maja
Das Wolfskind auf der Flucht – Zweiter Weltkrieg
Der Kaiserschnitt hat kein Gesicht – Fotobuch
Diagnose Magenkrebs ... und zurück ins Leben
Die Sonne sucht dich – Foto-Meditation Schwangerschaft
Drei Nummern zu groß – Kleinwuchs
Egal wie klein und zerbrechlich – Erinnerungsalbum
Ein Baby in unserer Mitte – Hausgeburt und Stillen
Finja kriegt das Fläschchen – Für Mamas, die nicht stillen
Frauenkastration – Fachwissen und Frauen-Erfahrungen
Ich war ein Wolfskind aus Königsberg – DDR und BRD
In einer Stadt vor unserer Zeit – Regensburg-Reiseführer
Jutta juckt's nicht mehr – Hilfe bei Neurodermitis
Konrad, der Konfliktlöser – Konfliktfreies Streiten
Lass es raus! Die freie Geburt
Leg dich nieder! Das freie Wochenbett
Lilly ist ein Sternenkind – Verwaiste Geschwister
Lorenz wehrt sich – Sexueller Missbrauch
Luxus Privatgeburt – Hausgeburten in Wort und Bild
Machen wie die Großen – Rund ums Klogehen
Maharishi Good Bye – Tiefenmeditation und die Folgen
Mama und der Kaiserschnitt – Kaiserschnitt
Mamas Bauch wird kugelrund – Aufklärung für Kinder
Manchmal verlässt uns ein Kind – Erinnerungsalbum
Mein Sternenkind – Verwaiste Eltern
Meine Folgeschwangerschaft – Schwanger nach Verlust
Meine Wunschgeburt – Gebären nach Kaiserschnitt
Mit Liebe berühren – Erinnerungsalbum
Mord in der Oper – Bellinis letzter Vorhang
Nasses Bett?– Nächtliches Einnässen
Nino und die Blumenwiese – Nächtliches Einnässen, Bilderbuch
Oma braucht uns – Pflegebedürftige Angehörige
Oma war die Beste! – Trauerfall in der Familie
Papa in den Wolken-Bergen – Verlust eines nahen Angehörigen
Pauline purzelt wieder – Übergewichtige Kinder
Regelschmerz ade! Die freie Menstruation
So klein, und doch so stark! – Extreme Frühgeburt
So leben wir mit Endometriose – Hilfe für betroffene Frauen
Soloschläfer – Erholsamer Mutter-Kind-Schlaf ohne Mann
Still die Badewanne voll! Das freie Säugen
Stille Brüste – Das Fotobuch für die Stillzeit und danach
Tragekinder – Das Kindertragen Kindern erklärt
Und der Klapperstorch kommt doch! – Kinderwunsch
Und wenn du dich getröstet hast – Erinnerungsalbum
Unser Baby kommt zu Hause! – Hausgeburt
Unser Klapperstorch kugelt rum! – Schwangerschaft
Unsere kleine Schwester Nina – Babys erstes Jahr
Volle Hose – Einkoten bei Kindern

Bezug über den (Internet-)Buchhandel in Deutschland, Österreich und der Schweiz.